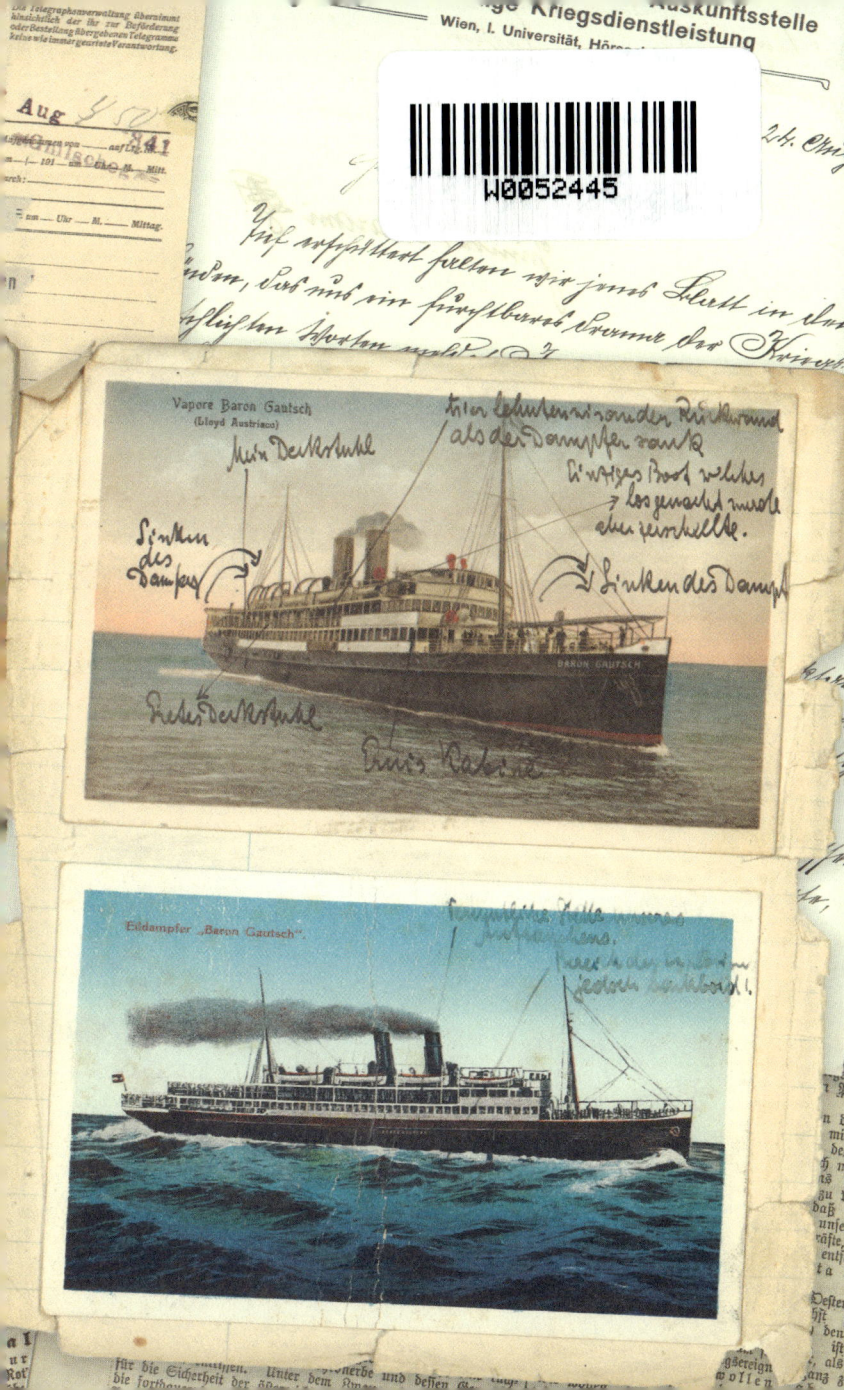

Hermann Pfeiffer

Halte Dich dicht an mich und eile!

H E R M A N N   P F E I F F E R

Halte Dich dicht an mich und eile!

Der Untergang der *Baron Gautsch*

Herausgegeben von Ingrid Pfeiffer

Mit einem Nachwort von Karl Vocelka

braumüller

Orthografie und Zeichensetzung folgen der Originalhandschrift
Hermann Pfeiffers. Offensichtliche Flüchtigkeitsfehler wurden
stillschweigend korrigiert.

Bibliografische Information der Deutschen Nationalbibliothek
Die Deutsche Nationalbibliothek verzeichnet diese Publikation in der
Deutschen Nationalbibliografie; detaillierte bibliografische Daten
sind im Internet über http://dnb.d-nb.de abrufbar.

Printed in Austria

1. Auflage 2014
© 2014 by Braumüller GmbH
Servitengasse 5, A-1090 Wien
www.braumueller.at

Abbildung auf der Titelseite, Fotografien und Dokumente auf den Seiten
89–91 und 93–102 sowie die Originalhandschrift: Archiv Ingrid Pfeiffer
Fotos und Dokumente auf den Seiten 6, 103–104 und 108: Archiv Dieter
Winkler
Fotos auf den Seiten 92 und 105: Alexandra Schepelmann
Denkschrift über den Untergang des Lloydschiffes „Baron Gautsch"
(1917) auf den Seiten 106–107: Österreichische Nationalbibliothek

Druck: Ferdinand Berger und Söhne Ges.m.b.H., A-3580 Horn
ISBN 978-3-99200-114-9

Für Andreas und Wolfi Pfeiffer

Die Baron Gautsch 1908 am Stapel

Inhalt

Vorwort

„... namentlich für Dich ..." (S. 26)

Von Ingrid Pfeiffer

Es war nicht die Absicht Hermann Pfeiffers, die Sommerstimmung auf einer Insel in der Adria festzuhalten, als er im September 1914 ein Schulheft aufschlug, um zu berichten. Die vertraute Welt war bereits dabei, zur Welt von gestern zu werden. Für seine kleine Familie war sie am 13. August 1914 zerstört worden.

Hermann, seine Frau Grete und ihr dreijähriger Sohn Erny waren Passagiere des Lloyd-Dampfers „Baron Gautsch", der in den ersten Kriegstagen letzte Badeurlauber nach Triest und von dort nach Hause bringen sollte. Doch von einer Mine getroffen, sank das große Schiff innerhalb weniger Minuten. Hermann Pfeiffer konnte sich und den Sohn retten, Grete war unter den Todesopfern.

Da mit Ausbruch des Krieges seine Einberufung unmittelbar bevorstand, verfasste der Gerettete kurz nach dem Unglück einen Bericht der Ereignisse. Er vergegenwärtigte darin – sich selbst so sehr wie seinem Kind – auch all das Schöne, das am 13. August gewaltsam beendet worden war. Der Sommer leuchtet noch einmal auf. Jedes Wort ist mit Liebe unterlegt.

Innigste Verbundenheit wird beschworen: Wie wir gelebt haben, war es recht. So sollte es sein.

Auf den Inseln Lussingrande und Lussinpiccolo hatten sie gemeinsam sommerliches Glück erlebt, froh umeinander wie um die schöne Natur. Wie die anderen adriatischen Inseln gehörten auch diese zu Österreich. Die Familie Pfeiffer war zwar weit weg von zu Hause, doch nicht im Ausland. Trotzdem bedeutete, dort viele Sommerwochen verbringen zu können – im Unterschied zu heute –, vor allem Luxus. Die Familie war wohlhabend. Grete Pfeiffer, Tochter aus einer Industriellenfamilie, hatte 1909 den angesehenen Pathologen und Universitätsprofessor Hermann Pfeiffer geheiratet. 1911 kam ihr Kind zur Welt, Ernst, von allen Erny genannt. Sein Kindermädchen, Friederike Schaller, Fritzi, begleitete die Familie. Aus heutiger Perspektive formt sich aus diesen biografischen Versatzstücken ein Bild des Wohllebens, der Kultiviertheit, einer eigenen Welt in der Welt. Die Pfeiffers werden es vielleicht anders wahrgenommen haben. Doch da die Weltgeschichte ihre Idylle zerrissen hat, geht auch verloren, was ihnen wahrscheinlich selbstverständlich war. Trotzdem wirken Hermann Pfeiffers Aufzeichnungen nicht überheblich. Im Gegenteil, die Grundhaltung ist wache Aufmerksamkeit dem Leben und seiner Frau gegenüber sowie den vielen kleinen Freuden des Alltags.

„So kam uns allen unerwartet in toller Ferialstimmung das Erlebnis des 25. Juli heran. Wir ahnten da unten nicht, dass die Ermordung des Thronfolgers in

Sarajewo endlich unser altes, zerrissenes Österreich aus seinen inneren Kämpfen mit einem Schlage reißen sollte." (S. 21)

Alles scheinbar Festgefügte hat dieser politische Bruch durchzogen. Die Familie nahm sich noch ein Stück vom Sommer, doch nicht mehr ungetrübt. Als Arzt war Hermann Pfeiffer bereit, sich mit seinem Können in den Dienst des Landes zu stellen, um eine politische Entwicklung zu befördern, die er für richtig hielt.

Entschiedenheit und Wahrhaftigkeit sind Wesenszüge, die neben seinen medizinischen Verdiensten im Nachruf gerühmt wurden. Die Fähigkeit zur Begeisterung muss ihn ausgezeichnet haben. Und er hat sie gepflegt. Jede Zeile spricht davon. So kann nur einer schreiben, der genau schaut und intensiv erlebt. Ein lauter Mensch kann Hermann Pfeiffer nicht gewesen sein. Es ist viel konzentrierte Stille um ihn. Auch das hat man ihm nach seinem frühen Tod 1929 lobend nachgerufen und wohl zu Recht in Verbindung mit seinem dichterischen Bemühen gebracht. „Jedes Wort entstand aus intensivster Notwendigkeit heraus", heißt es in diesem Nachruf. Dass ihn seine Freunde „Nebel" nannten, verwundert dann nicht mehr. „Lieber Nebel", redete ihn mancher sogar in seinem Beileidschreiben an.

Fünfzehn Jahre blieben ihm noch mit seinem Kind, das er am 13. August 1914 gerettet hatte und dessen Schreianfälle nach der Katastrophe dem Vater wie dem Arzt Sorgen bereiteten.

Erny kann an die Welt von gestern keine konkreten Erinnerungen gehabt haben. Dennoch war es diese Welt, die ihn mehr geprägt hat als alles Folgende. Wahrscheinlich war er in diesem Verlust an Orientierung nicht allein. Wahrscheinlich ist sein Lebensweg typisch für Söhne aus gutem Haus zu Beginn des 20. Jahrhunderts. Erzogen und geformt für ein anderes Leben, bot ihm die neue Zeit keinen Boden und keine Verwurzelung. Wo und auf welche Weise waren seine Begabungen unterzubringen? Das muss Interpretation bleiben. Vielleicht stellt sich diese Frage nur mir, der Tochter und Enkelin, die hofft, sich den wachen Blick des Großvaters bewahren zu können. Was ein so frühes Trauma, die gefühlte Todesangst, einer Seele antun kann, werde ich aber weder erfassen noch beschreiben können. Doch ich weiß, dass der begabte Vater sich nicht fügen, nicht einfügen konnte. Begabt, sowohl mit dem Humor der Mutter wie mit der Düsternis des Vaters, mit Klugheit und Herzlichkeit, mit der liebevollen Innigkeit seiner Eltern, hat er doch keinen Platz in dieser Welt gefunden. Jurist, ohne auch nur einen Tag als solcher zu arbeiten, und Fotograf aus Leidenschaft, doch ohne allen Geschäftssinn. Auch Ernst Pfeiffer starb früh: in den 60er-Jahren des 20. Jahrhunderts.

Sein Erbe, vielleicht das einzige handfeste Erbe, das er seiner Tochter zurückließ, waren jene beiden Hefte seines Vaters und der kleine Kinderschuh, der damals, 1914, zu seiner Rettung beigetragen hatte. Das ist viel.

Und es ist umgeben von einer Atmosphäre, die alles bestimmt, bis weit hinter die konkrete Erinnerung zurück.

Wann ich die beiden Hefte meines Großvaters zum ersten Mal betrachten durfte, weiß ich nicht mehr. An die erste Lektüre erinnere ich mich jedoch genau. Ich muss etwa zwölf Jahre alt gewesen sein und wollte sie nicht mehr nur anschauen wie die in Metall gegossene Sandale.

Bis dahin müssen die Hefte für mich eher Gegenstand als Text gewesen sein, denn die schöne und vor allem leserliche Lateinschrift meines Großvaters erstaunte mich. Ich war auf mühevolles Entziffern eingestellt gewesen und freute mich daher dankbar an dieser Handschrift. Sie war mir bald vertraut und wurde Teil der Geschichte, die sie mir mitteilte.

Ich kann nur vermuten, dass ich eigentlich auf der Suche nach meinem Vater war, als ich mich das erste Mal in die Zeilen meines Großvaters vertiefte. Denn der 1914 unter so dramatischen Umständen gerettete Erny lebte bereits seit einigen Jahren nicht mehr. Gefunden habe ich beide, oder besser: Ich habe uns gefunden, eine seltsame, geheimnisvolle Gemeinschaft, die sich aus schmerzlichem Abschied und Verlust formte. Je älter ich wurde, umso näher kam ich auch dem persönlich nie gekannten Großvater.

Manche seiner sprachlichen Fügungen, die gar nicht in die Zeit meiner Kindheit und Jugend passten, waren mir bald so vertraut und selbstverständlich wie Wendungen in Märchen. Sie halten uns bis heute zusammen. Sie entstammen eben nicht der Fiktion, sondern dem Leben, das für mich selbst erkennbar auch mein Leben war. Viele Jahre später empfand ich die direkte, persönliche Verbindung mit einem ganzen Jahrhundert, die kein noch so guter Geschichtsunterricht hätte herstellen können.

Als ich im Frühsommer 2013 endlich nach Pula (damals Pola) fuhr, war die Abschrift jener beiden Hefte in meinem Reisegepäck. Es war Scheu gewesen, die mich bisher davon abgehalten hatte, dorthin zu reisen. Pula war mir über die Jahre zu einem ersehnten Ort geworden, den ich dennoch mied, weil dort Rettung und Vernichtung zu nah beieinander zu liegen schienen. Nun fuhr ich also doch, nahm die Hefte mit und verband eher unsentimental den Reisealltag mit einer Art Spurensuche. Dennoch war ich von der allgemeinen und von unserer Familiengeschichte begleitet. Ich war nicht irgendwo.

Nie hatte ich an eine Veröffentlichung gedacht. Ich habe nach Pula fahren müssen, damit sich schließlich der Wunsch festigen konnte, diese Geschichte nicht länger zu verschließen.

„Morgen mehr!", schrieb mein Großvater ans Ende des zweiten Hefts. Ich weiß nicht, was ihn gehindert hat, diesen Vorsatz auszuführen. Der Krieg? Die Ahnung, seinem Kind das Wesentliche mitgeteilt zu haben? Die Notwendigkeit, selbst etwas Abstand zu nehmen, um leben zu können?

„Morgen mehr!" Ich habe diese zwei Wörter nie mit Enttäuschung gelesen, eher als ein Versprechen, das über diese beiden Hefte hinausreicht und auf andere Weise eingelöst wird.

HALTE DICH DICHT
AN MICH UND EILE!

Mein lieber Bub!

Da ich nicht weiß, ob es mir einmal möglich sein
wird, mit Dir, als einem Erwachsenen, über alles zu
sprechen, was mir am Herzen liegt, da ferner täglich
meine Einberufung bevorsteht, die uns für lange Zeit,
vielleicht für immer auseinanderreissen kann, so
möchte ich heute und in den folgenden Tagen Dir von
dem Lebensschicksal Deiner Eltern erzählen, um Dich
wissen zu lassen, wie sehr sie sich geliebt und wie grausam unsere Ehe zerrissen wurde.

Ich beginne mit dem schrecklichen Ende, dem
13. August 1914, weil das zu wissen für Dich besonders wichtig ist. Das andere werde ich, soweit mir Zeit
bleibt, nachholen.

Wie im Vorjahre, so hatten wir auch heuer beschlossen, da Du etwas schwächlich warst, den Sommer am Meer, teils auf der Insel San Sego, teils in
Lussin grande zuzubringen. Bei diesem Entschluss
spielte wohl auch der Umstand eine Rolle, dass wir
Beide, Grete und ich, das südliche Meer liebten wie
nichts anderes. Da ich durch Arbeiten in Graz noch

festgehalten wurde, reiste Grete mit ihrem lieben Buben und dem Kindermädchen Fritzi Schallar (von Dir „Vila" auch „Vidiwitt" genannt) am Montag den 15. Juni hier ab. Mit Tante Else Eichmann und ihren Kindern Inge und Fritzel verbrachtet ihr 3 Wochen auf Sansego. Von diesem Aufenthalt sind einige gute Bilder Deiner Mutter und von Dir gemacht worden, doch sind die Filme u. Kopien untergegangen. Nachdem ich noch meine Arbeiten über Zellfermente bei den Eiweißzerfallstoxikosen beendet hatte, traf ich am 8. Juli in Lussin piccolo mit einem Dampfer der Ungaro-Kroata ein. Deine liebe Mutter stand, Dich an der Hand, am Molo und ich fühlte in diesem Augenblick, wo die beiden braun Gebrannten mir über den schmalen Wasserstreifen, der das Schiff v. der Steinmauer trennte, wieder einmal so voll, wie lieb ich Euch Beide habe und wie glücklich wir seien!

Wir hatten in der Casa Antončič in Lussin grande eine kl. Wohnung gemietet, aßen in der Pension Mathilde, wo wir mit lieben Freunden des Vorjahres täglich zusammentrafen, um mit Bad u. Segelpartien auf dem kl. Kutter „Vigilante" die Sommerwochen zu vertreiben. Deine Mutter und Du, Ihr waret schon prächtig erholt, voll Freude über das schöne Stück Erde, das Meer und die glühende Sonne, die uns allen so gut tat. Ich war überanstrengt zuerst und noch verstimmt über wissenschaftliche Angriffe, denen ich in den letzten Tagen in Graz ausgesetzt gewesen war, aber doch beglückt zugleich, wieder in Euerer Nähe sein und, ohne die Hast und die strenge Zeiteinteilung des übrigen Jahres, namentlich Dir mich widmen zu können.

So kam uns allen unerwartet in toller Ferialstimmung das Erlebnis des 25. Juli heran. Wir ahnten da unten nicht, dass die Ermordung des Thronfolgers in Sarajewo endlich unser altes, zerrissenes Österreich aus seinen inneren Kämpfen mit einem Schlage reißen sollte, dass es endlich – vielleicht zu spät! – gegen die Feinde die es umringten mit den Waffen sich stellen wolle.

Am Morgen eilte ich nichtsahnend in die Pension! Jubelnd wurde dort das Ultimatum verlesen, jenes befreiende, starke Dokument, das Serbien mit jenem Tone, der ihm allein gebührte, unannehmbare Forderungen diktierte! Das ist der Krieg, jubelten wir alle! In jauchzender Begeisterung, aber manchmal auch mit ernsten Untertönen machten wir an diesem Vormittage noch eine Segelpartie nach Palazuol und beschlossen im Scherze, unseren Kutter zu armieren, uns selbständig zu erklären und gegen Montenegro eine Seeschlacht zu schlagen. Wir alle glaubten, dass die Mächte der Tripelentente Serbien werden fallen lassen u. nichts anderes als eine Strafexpedition gegen diese Mörderbande bevorstehe. –

Am nächsten Tage, einem Sonntag (26. Juli) eilten wir, da die Frist des Ultimatums abgelaufen war, nach L. piccolo, wo uns schon die gelben Mobilisierungszettel begrüßten. Neue Stürme der Begeisterung! Auch mein Korps, das III., wo ich als Oberarzt im

Landsturm stand war mobilisiert. Da ich glaubte, eine Kriegsbestimmung zu haben, hieß es, am nächsten Morgen, einem Montag heimreisen.

Es war unmöglich, Euch so innerhalb von 16 Stunden mitzunehmen, da Einpacken etc. viel mehr Zeit in Anspruch genommen hätte. Auch war in Lussin selbst nichts für Euch zu fürchten und es stand zu erwarten, dass in mehreren Tagen der Ansturm auf Dampfer u. Eisenbahn ein geringerer werde und ihr bequemer heimkehren könnet.

Der letzte Nachmittag wurde zu einem wehmütigen Bad, zu einem vom Wind nicht begünstigten letzten Segelversuch verwendet, am Abend braute Grete, wie sie es so gut verstand, eine gigantische Pfirsichbowle, die auf den äußersten Zipfel des Molo von Rovenska hinausgetragen und dort bis gegen Mitternacht im halben Mondlicht geleert wurde. Alle männlichen Genossen waren entweder abberufen oder erwarteten stündlich Marschordre. Du kannst Dir denken, wie uns da so allgemach eine wehmütige Abschiedsstimmung überkam u. die altgewohnte Fröhlichkeit nicht durchbrechen wollte. Um Mitternacht giengs in's Kafé am Hafen. Wer die Frage aufwarf, weiß ich nicht mehr. Es wurde aber discutiert, wer von uns allen die größten Chancen habe, heute in einem Jahr wieder hier zu sitzen. Alles schien peinlich abgewogen, die Infanteristen rangierten zuletzt, ich als Oberarzt und Landstürmer an erster Stelle –! An die liebe, junge Frau, die Seele unserer fidelen

Kumpanei, den Liebling von ganz Lussin, an die dachte niemand.

Und – sie war das erste Opfer dieses furchtbaren Krieges. Lag 3 Wochen später als entstellte Leiche im Hafen zu Pola! So kurzsichtig sind wir Menschen – zu unserem „Glück" ist's ja notwendig. Wenn man aber solches erlebt hat, so scheut man sich fürderhin Pläne zu machen, Hoffnungen groß zu ziehen mit Bestimmtheit ein „ich werde" auszusprechen. Voll traurigem Bangen, voll Unsicherheit und Verzagtheit sieht man in die Zukunft! –––

Als Deine Mutter und ich heimkehrten gab's leider, leider noch eine kl. Auseinandersetzung zwischen uns, das zweite Mal in einer fünfjährigen Ehe, einen kleinen Misston, der, wäre das Leben weitergegangen, in meinem Erinnern nicht gehaftet hätte, heute aber mich doch bedrückt, wenn ich auch nicht die Veranlassung dazu gegeben habe!

Am Morgen hieß es um 6 h aus den Federn. Du schliefst noch als ich mit einem Kuss auf Dein Händchen von Dir Abschied nahm. Doch spürtest Du den Kuss, erkanntest mich, wendetest Dich, wie es sonst nie Deine Art war, zur Mauer und murmeltest schlaftrunken: „Papa geh' weg!" So gieng ich denn! –––

Mit meiner lieben Grete und ihrem Bruder Hermann giengen wir dann über den Strandweg nach L. piccolo zum Dampfer. Es war der „Hohenlohe" der uns aufnahm, dicht gefüllt mit begeisterten Soldaten u. Reservisten, am Lande eine enthusiasmierte

Menschenmenge. Ich werde den Moment nie vergessen, als das mächtige Schiff vom Eviva vieler Tausen-
der umbraust das Ufer verliert. Seit langen Jahren geschah da etwas, was mir bald so gewohnt werden sollte
in stillen Momenten des Alleinseins: Ich sah nochmals
zu Grete hinüber und musste mich abwenden, denn
ich hatte die Augen voll Wasser und die Kehle zuge-
schnürt vor Abschiedsweh und Begeisterung für die
herrliche Sache! Ich hielt's für einen Abschied auf
lange, in's Ungewisse und hoffte, selbst mit meinem
Körper u. Können dem Vaterlande helfen zu können.

Die Reise nach Graz war selbst vom Gefühls-
momente abgesehen, mehr als unangenehm, der Zug
zum Platzen überfüllt, sodass wir die ganze Strecke
stehen mussten. Aber die Stimmung in ganz Istrien,
sogar in Laibach und im Unterland war lodernde
Begeisterung. Wir glaubten fest an ein Wiedererwa-
chen des alten Österreich und fühlten vielleicht zum
erstenmal so ganz in uns den heiligen Willen erste-
hen, bis zum letzten Können unsere Persönlichkeit in
den Dienst dieses Staatengebildes zu stellen, welches
im Falle des Sieges einer neuen, leuchtenden, auf deut-
schem Sockel erbauten Zukunft entgegengieng.

In Graz begann die Ernüchterung! Man brauchte
mich nicht, noch nicht! Denn ich bin ja „nur" Theo-
retiker. Ich richtete ein Gesuch an das Landesvertei-
digungsministerium, mich wenigstens meinem Fache
entsprechend verwenden zu wollen. Da die Antwort,
wie ich beim Sanitätschef erfuhr, noch wochenlang

auf sich warten lassen konnte, meine Sehnsucht nach Euch sehr groß war und ich hoffte, Euch sicherer u. besser durch die Fährlichkeiten und Unannehmlichkeiten einer solchen Reise in solcher Zeit heimzubringen, bat ich um die Erlaubnis dazu und erhielt sie auch. Noch immer glaubte ich, es war Freitag den 31. Juli, als ich mittags wieder abfuhr, mit allen, dass Russland ruhig bleiben werde. Dass Frankreich, England, ja die halbe Welt gegen das Deutschtum auftreten werde, hätte mir absurd geklungen.

Aber im Zuge schon, es war in Laibach, erreichte mich die Nachricht von der allgemeinen Mobilisierung! Also waren internationale Verwicklungen doch nicht abzuwenden.

Ich überlegte, was zu tun sei? Umkehren? Dann wäre der Zweck meiner Reise unerfüllt geblieben. Euch telegr. heimrufen u. in Triest erwarten? Das wäre das Beste gewesen! Hätte ich's doch getan! Aber die Aussicht in Ruhe mit Euch noch dort unten einige Tage verleben zu können, ein Bangen, Euch ohne mich in dieser Zeit einer möglichen Minengefahr an Bord zu wissen, hielt mich davon ab, das, was ich jetzt als das Richtige zu spät erkenne, auszuführen.

So reiste ich am nächsten Morgen mit dem „Baron Gautsch" – meine vorletzte Reise mit diesem Schiffe! zu Euch. Ich hatte vorher mich nicht angemeldet, überraschte Euch nach Eurem Nachmittagsschläfchen. Ein Blick in Deiner Mutter liebe Augen, Deine Freude, dass Dein „Vätete" (Väterchen) wieder da sei, schien mir die Gewissheit zu geben, dass ich recht gehandelt hatte.

Nun entwickelten sich die Dinge in der großen, fernen Welt da draußen Schlag auf Schlag, während wir auf unserer Insel direkt nur wenig davon berührt wurden. Unsere Gesellschaft war in alle Winde zerstoben, was mir, der ich ein einsames Leben mit Euch Beiden, seit ich es kennen gelernt, immer vorgezogen hatte nur recht war. Wir siedelten ganz in die Pension Mathilde über, wo endlich nur mehr eine Sizilianerin Frl. Amelie Barbera, die Besitzerin, Mathilde Gentenbrück und wir Drei zurückblieben. Wir lebten ruhig, voll innerlichen Frohmutes. Nur wenn die spärlichen, verspäteten Zeitungen mit ihren Nachrichten kamen gab's ein hastiges Lesen, ein erregtes Fragen u. Erörtern des neu Vernommenen.

So wonnevoll diese Tage waren, quälte mich doch innerlich der Gedanke an die Heimreise. Nicht dass ich an eine direkte Gefahr dachte. Aber ich scheute besonders die lange Eisenbahnfahrt in überfüllten Zügen und die Strapazen, die sie namentlich für Dich bedeutete. Oft sind in diesen Tagen Deine Mutter und ich hinüber nach L. piccolo gegangen und haben mit den Informiertesten der Insel, dem Bezirkshauptmann Mosetig über den besten Zeitpunkt der Abreise gesprochen. Seine stereotype Antwort war: „Sie werden doch nicht auch noch den Kopf verlieren! Bleiben Sie bis zum 10. oder 12. August! Bis dahin sind bessere Zugverbindungen wieder eingerichtet, die Verpflegung während der Reise möglich und vor allem: Um diese Zeit kommt wieder der Schnelldampferverkehr mit Triest in Gang!" (Er war einige Tage lang durch Militärtransporte ins Stocken geraten.)

So blieben wir!

Am Samstag den 8. August traf uns die Nachricht, dass England an Deutschland den Krieg erklärt habe. Ich erfasste sofort, dass nun auch die Kriegserklärung dieses Staates und Frankreichs an Österreich nur mehr eine Sache von Tagen sein könne, dass Lussin mit seinem Fort Mte Asino beschossen, die Rückkehr nach Triest so oder so gefährdet sein, vielleicht auf Monate unmöglich werden könne. Ich stürmte zu Grete in's Zimmer, teilte ihr die Nachricht mit und sagte: „Nun müssen wir aber schnell abreisen!" „Hast Du etwa Angst" fragte sie mit einem halben Lächeln. „Ich tue was Du willst, aber überstürzen wir nichts! Gehen wir wieder zu Mosetig. Er weiß es am besten, ob wir sofort abreisen oder die Schnelldampfer erwarten sollen!" Der Gedanke, besser der Verdacht, Angst dränge mich zur Abreise, bewog mich mit innerem Widerstreben, meinen ersten Plan fallen zu lassen und nochmals den Bezirkshauptmann zu Rate zu ziehen. Hätte ich doch dieser meiner „Angst", die doch nur Eurem Leben, Eurer Gesundheit galt, nachgegeben. Was wäre der armen Frau, was mir und vor allem Dir, mein lieber Bub, erspart geblieben!

Mosetig riet, am Donnerstag den 13. mit dem Schnelldampfer Baron Gautsch zu reisen. Es sei früh genug, die Reise mit diesem Schiffe, dem besten, gefahrlos und schnell, ein durchgehender Zug von Triest bis dahin wieder auf dem Fahrplan.

Die letzten Tage, so schön sie für uns waren, verliefen doch in steter, innerer Unruhe und unter dem Zeichen des Einpackens. Am vorletzten Abend gieng Grete, Frl. Barbera u. ich zum Sonnenuntergang nach San Giovanni hinauf. Deine Mutter pflückte blaue Disteln für unseren Salon. Zwei Nachmittage verbrachten wir mit Dir auf der betonierten Terasse der Campagna Wüste mit ihrem herrlichen, freien Blick in's weite Meer in fidelen Spielen, an denen wir alle uns beteiligten. Die beiden letzten Nächte saßen Deine Mutter und ich lange auf dem Kap Leva und genoßen die herrliche Sommermondnacht – und schmiedeten Pläne für die nächste Zukunft. Am letzten Abend, als wir zu Bett giengen sagte sie: „Ich weiß bestimmt dass ich Lussin nicht wiedersehen werde! Es war zu schön!"

Ich lachte dazu – dachte aber insgeheim doch an den Weltbrand, der mit dem Entschluss zur Reise wieder unmittelbar vor meine Seele getreten war und – wie ich meinte, nun bald auch mich in's Ungewisse treiben konnte.

Der 13. August ein Donnerstag kam wolkenlos mit schwachem Maëstral herauf. Wir erwachten frühzeitig und rüsteten alles zur Abreise, da der Dampfer für 9 h angekündigt war. Als ich nach dem Frühstück durch Eure Stube gieng, in der Deine Mutter eifrig packte, Du voll Ungeduld auf das Zeichen zum Aufbruch wartetest, sagte sie zu mir: „Heute ist der Dreizehnte! (Sie hatte eine stete Angst vor diesem Tag und hat mich oft im Laufe der Jahre versichert, sie sei überzeugt, sie werde einmal an einem solchen Tage eines unnatürlichen Todes sterben!) Wir sollten lieber nicht reisen! Aber: Ich bin ein Sonntagskind und habe immer Glück im Leben gehabt! Wir werden wohlbehalten ankommen!" Ich lachte still für mich ihres stets wiederkehrenden Aberglaubens und nahm Dich mit zum Hafen hinab, wo wir zusammen für uns, Fritzi und Frl. Barbera in der provisorisch errichteten Lloyd-Agenzie die Karten lösten, die Du mit Öl beschmutzt noch unter den Reliquien dieses Tages finden kannst, wie auch den Erlaubnisschein zur Reise, der in diesen Tagen notwendig war.

Da der Dampfer Verspätung hatte, brachte ich Dich heim und lief nocheinmal zum Bad hinunter und schwamm lässig ein paar mal auf und ab, traurig, dass diese Herrlichkeit nun ein Ende haben sollte.

Endlich nahte das große, schlanke, schnelle Schiff, legte am Molo von L. grande (der Hafen von L. picc. war damals gesperrt) an und wir bestiegen, ernst weil's ein Abschied war, froh, so schönes Reisewetter, ein so gutes Schiff zu haben das Verdeck. Als der Dampfer, losgemacht, langsam offenes Fahrwasser zu erreichen suchte winkten und riefen wir, besonders aber unser kleiner, lieber Bub den Bekannten am Ufer ein letztes Lebewohl zu, winkten – bis Städtchen und Hafen ausser Sicht kamen!

Das Meer war durch eine erfrischende Briese ganz leicht bewegt voll jener unbeschreiblichen Bläue, jenem goldigen Gefunkel, wie ich Beides in diesem Ausmaße nur von der Adria und dem Mittelmeer her kenne. „Mit mir muss man reisen, dann hat man Glück", rief voll Übermut Deine Mutter dem Frl. Barbera zu, als es sich die Beiden an Steuerbord des Promenadedecks, dicht an der Reeling, in nächster Nähe der Pantry auf ihren Bordstühlen bequem machten. Sie konnte sich so sehr, so von ganzem Herzen freuen, die Gute, so voll Dankbarkeit und Glück sein, dass man es wie einen warmen Hauch in solchen Stunden von ihr ausströmen fühlte, von ihrer Gefühlsstärke mit fortgerissen sie von Herzen lieben musste. Das hatte ihr auch Zeit ihres Lebens die Herzen aller zugewendet, die je mit ihr in Berührung gekommen waren!

Ich hatte meinen Bordstuhl mehr Achter, aber auch auf der Steuerbordseite aufgestellt, da ich stundenlange Gespräche mit Frl. B. scheute, so gern ich ihre gescheite, etwas kritische Art hatte. So verbrachten wir den Vormittag, jedes für sich abwechselnd Dir das Schiff, die Küste, das Meer zeigend – keine kleine Aufgabe bei Deiner Wissbegier und Deinem Feuereifer bei all' dem wieder Neuen!

Wir nahmen Kurs westlich von Sansego, nicht durch den Kanal. Das machte mich stutzig und führte mich zur Vermutung, dass er wohl durch Minen gesperrt sei. Doch hatte ich kein unangenehmes Gefühl dabei, da ich damals noch der Gewissenhaftigkeit u.

dem Können des Lloydpersonals vertraute. Als die Tischglocke ertönte fuhren wir zwischen Cherso und der Südspitze von Istrien, wie mir schien mehr südwestlich als das die Regel war.

Bei Tisch eine halbförmliche, innerhalb der kleinen Gruppen von Bekannten aber fröhliche, nichtsahnende Gesellschaft, die meist aus heimkehrenden Badegästen, z. Th. aber auch aus Officieren bestand. Unter ihnen saß auch jener Artillerie-Oberlieutenant und seine junge Frau, denen fast Alle, die einige Stunden nachher noch lebten, dieses ihr Leben zu danken hatten. Den Namen dieses Helden, dieser todesmutigen Frau habe ich nie erfahren, bewahre aber ihr Andenken dankbaren Herzens! An der Spitze der Tafel die Officiere des Schiffes, darunter der Schurke Winter oder Winkler, ein Mann Mitte der 40, mit leicht aufgezwirbeltem Schnurrbart, kräftigem, zum Fettansatz neigenden Körperbau, wie ihn die Hochgewachsenen unter den besseren Ständen der Triester Bevölkerung so oft zeigen. Er unterhielt sich lebhaft mit seiner Umgebung. Mir schief gegenüber (ich saß zwischen Deiner Mutter und Frl. B.) fütterte – ich kann nicht anders sagen – ein Lloydofficier, der die Fahrt als Passagier mitmachte und den ich später in einer eigentüml. Situation wiedersehen sollte. An einem Nebentisch eine Wiener Dame mit ihrem beil. 12 jähr. Töchterlein, die ich von Lussin her kannte und bei der Katastrophe für Dich eine wichtige Rolle spielte. Am Nebentisch ein Regierungsrat aus Wien, ein alter Herr, mit Familie. Auch er war eine jener Personen, die durch die späteren Ereignisse in meinem Gedächtnis hafteten. So saßen wir und ließen uns – in Lussin war schon Schmalhans Küchenmeister gewesen, Fleisch teuer, das Eis ausgegangen – die kultivierte Küche schmecken. Nach Tisch erhieltest Du und Fritzi Euer Essen, überwacht von Deiner Mutter. Ich gieng ab und zu und gieng, als Du in die Kabine zum Schlafen gebracht wurdest, ohne ihre Lage oder Nummer zu kennen zu meinem Bordstuhl auf dem Promenadendeck. Wir hatten, es mochte 15' nach 1 h gewesen sein, Pola noch nicht erreicht. So stellte ich Berechnungen an, wie viel Verspätung das wohl bis Triest zu bedeuten habe und meinte, da Pola nicht angelaufen werden durfte – wieder gieng mir das ominöse Wort „Minen" durch den Kopf! – dass wir einen Teil davon wohl einholen könnten. Darüber schlief ich ein. Ich schlief fest und tief, da die Nachtruhe nur kurz gewesen war.

Da weckt mich ein spielendes Kind, das unversehens an meinen Stuhl stößt. Ich fahre ungehalten aus meinem Schlaf auf – und habe heute diesem Stoß des kleinen Kinderkörpers wahrscheinlich Dein teures Leben zu danken! – Ich ziehe die Uhr! 2 h 15'. Ich sehe auf's Meer: Wir haben soeben ziemlich weit ab Brioni südwestlich passiert, also den sonst stets benützten Kanal von Fasana nicht durchfahren dürfen. Ich mache einen Rundgang auf Deck, um mich genauer zu orientieren: In der Nähe der Südspitze Brioni's vor der Einfahrt nach Pola zwei unserer Schlachtschiffe mit 3 Schornsteinen, es sollen Dreadnoughts gewesen sein. Von ihnen dringt ab und zu ein scharfer Knall herüber: also Schießübungen! Jedenfalls mit scharfer Munition geht's mir durch den Sinn. Von den Forts gleichfalls ab und zu Schüsse. Weit, weit in See, kaum mit freiem Auge erkennbar 3 schwarze Punkte Torpedoboote, sage ich mir. Gleichfalls weitab in See ein großer Dampfer der im Parallelkurs mit uns, aber in entgegengesetzter Richtung fährt. Es muss das Schwesterschiff, Prinz Hohenlohe sein, nach Aussehen, Kurs und Zeit unseres Zusammentreffens.

Da steigt in mir zum erstenmal eine bange Frage auf: Warum fahren wir um so viel näher bei Land, wie dieses Schiff? Laufen wir hier keine Gefahr in ein Minenfeld zu geraten, welches unzweifelhaft um Pola herum gelegt sein konnte? Ist unser Kurs nicht unvorsichtig gewählt?

Ich verscheuche das Bedenken schnell. Unsere Lloydofficiere sind doch so gewissenhaft, wohl auch erfahren und gut ausgebildet – obwohl ich kurz vorher in Lussin auch Proben vom Gegenteil zu sehen bekommen hatte! – und vor allem: Sie mussten die Grenze des Minenfeldes, wenn es schon gelegt war, doch genau kennen, der Kurs genau von der Kriegsmarine bestimmt sein.

Also weg damit! Der Hohenlohe wird eben ein Hase sein oder andere Gründe für seinen Kurs haben. Vielleicht läuft er Lussin gar nicht an, hat Militär an

Bord, einen südlicheren Hafen als Reiseziel, das er möglichst rasch zu erreichen hat.

Gefahr? Unsinn! Ich lehne mich über die Reeling, lasse mich vom Wind durchblasen bis ich ganz wach bin, trinke in der Pantry rasch einen schwarzen Kaffee, beobachte dabei drei herausgeputzte, kartenspielende Damen und mache mir so meine Gedanken darüber, was das für arme Menschen sein müssen, da sie inmitten dieser gottvollen Natur einer solchen ärmlichen Zerstreuung bedürfen – um die Zeit hinzubringen, die für Grete und mich so voll von Glücksgefühlen voll der schönsten Erlebnisse nur zu schnell vergeht! Ich wende mich ihr zu. Sie liegt auf dem Bordstuhl, ist wach und sieht mit jenem weichen, warmen Ausdruck auf die Wellen hinaus, der sich über das liebe Gesicht breitet, wenn sie ganz glücklich und froh ist. Sie hat den blauen Schleier gegen den Wind um das Haar geschlungen, den dicken grauen Mantel darunter ein hellblaues Kleid an. Zufällig streifen meine Augen ihre Beine und ich besehe mir dabei die Strümpfe, braune, durch brochene Strümpfe, die ich so gut nach ihrem Muster kannte, braune Halbschuhe mit Lacklederkappe, die sie auch schon lange besaß. An beidem – sonst an nichts! – habe ich die Arme, Liebe tags darauf erkennen können!

Ich gehe auf sie zu und berühre ihre Schulter. Sie wendet sich mir zu: „Willst Du das Kind sehen? Es schläft so herzig in seiner luftigen Kabine. Durch die

Lucke kannst Du ihn beobachten. Komm, ich führe Dich!"

Ob ich wollte! Im Schlaf bist Du immer so herzig mit Deinen blonden Locken, den roten Backen und den kleinen, zur Faust geballten Händen. Dank Dir, Gret, dass Du mich diesen Weg führtest. In wenigen Minuten <u>musste</u> ich ihn wissen – oder ich hätte Dich nicht gefunden! – Wir stiegen hinab zum Zwischendeck auf Steuerbord. Ganz vorne, die erste Lucke war's, wo die Briese recht zu und Dir Kühlung bringen konnte. In ihrer Liebe u. Fürsorge hatte sie diese Schlafstelle ihrem „Herzbuben" ausgesucht. Da lagst Du und schliefst fest und gut! „Wo ist Fritzi? Wenn das Kind aufwacht und weint hört es niemand! Das geht doch nicht! Ich bleibe hier bis mich Fritzi ablöst." (Sie hatte den Auftrag erhalten bei dem Kind zu schlafen, doch hatte sie die Stickluft nicht vertragen und gieng, wie sich zeigte, vor der Kajüte auf u. ab!)

„Gut, ich werde sie suchen." Sie geht und ich schaue lange zu Dir hinein, Dein Leben unser Glück segnend! Da kommt auch schon das Mädchen und ohne weitere Absicht frage ich: „Welche Nummer hat die Kabine?" „No 24" „Gut, bleiben Sie jetzt aber wirklich hierstehen bis der Bub aufwacht." Instinktiv betrete ich in der Absicht nach oben zu gehen den Schiffsraum, suche Kabine 24 und merke mir den Weg von hier auf's Promenadendeck.

Dort komme ich wieder am Rauchsalon vorbei, sehe auf meine Uhr – es ist 6 Minuten vor ¾ 3 h. Die Damen spielen eifriger denn je, auf Deck herrscht nach der Mittagspause und dem Schläfchen reges, heiteres Leben. Man plaudert, lacht und scherzt, die Kinder spielen Fangen auf den glatten Schiffsplanken, purzeln hin, überkugeln sich, die Männer rauchen, plaudern von Krieg u. Kriegsgeschrei, beobachten mit Gläsern die ferne Küste, der wir uns noch etwas genähert haben, die fern am Horizont eben erkennbaren Schiffe und suchen sie ihren Kenntnissen oder Unkenntnissen entsprechend als diesen oder jenen Typ anzusprechen. Dazwischen der immer mehr sich entfernende dumpfe Knall der Schüsse. Über dem ganzen jener halb wohltätige, halb beengende Hauch von Kultur, gutem Ton u. Beherrschtheit, wie er in der ersten Kajüte größerer Dampfer sich breit macht, ja auch zum Behagen beiträgt und noch mehr beitrüge, würde er uns nicht so viel von der großen, unmittelbar um uns sich dehnenden Natur rauben. – Ich trete auf Deine Mutter zu. „Ist Fritzi beim Kind." „Ja" Sie liest einen Brief und öffnet eben die Lippen zum Sprechen – da, ein Donnerschlag, der durch den mächtigen Schiffskörper fährt, ein übermächtiger Stoß nach aufwärts, ein Klirren und Prasseln, Schreien, Heulen, Kreischen, Rennen, Hasten, Toben, Splittern von Holz und Eisenteilen, die von oben her durch die Luft fliegen, ein Regen von Glasscherben der sich aus den Flaschenregalen der Pantry auf uns ergießt. Die Luft ist für einen Augenblick von gelben Schwaden durchzogen, ist stickig, kaum athembar. (Leute die auf Backb. standen, geben an dass dort eine hohe Wassergarbe gegen Himmel fuhr. Davon haben wir nichts gesehen. Daraus, und aus dem Umkippen d. Dampfers nach Backbord schließe ich jetzt, dass die Mine mittschiffs, aber an Backbord d. Rumpf getroffen hat!)

Deine Mutter springt auf. Sie ist zuerst bleich, fest, äußerlich ruhig, durchaus beherrscht. In mitten der wahnsinnig heulenden, kopflos hin und her rennenden anderen Weiber ist sie ein Vorbild, wie immer.

„Was war das?" „Geschoss oder Mine!"

Dann rufen wir beide mit einem Athem fast: „Das Kind!" „Sofort hinunter und so schnell als möglich zurück u. herauf mit ihm", schreie ich ihr in's Ohr, damit sie es bei dem Geheul hören kann. „Ist Gefahr?" „Ich weiß es nicht! Aber sicher ist sicher und er ist jedenfalls aufgewacht und erschrocken." Das rufen wir uns schon zu während wir, uns durch die verzweifelt hin u. her wogende Menge Bahn schaffen, über die Stiegen hinab fliegen zu jener Kabine 24, die unser Alles barg.

Daneben lag Kabine 25 und ich hatte früher gesehen, dass zwei Kinder drinnen schliefen. Als wir sie jetzt passierten stand der Vater in Hemdärmeln ohne Kragen u. Schuhe, laute Verzweiflungsrufe ausstoßend vor der Kajütentür und versuchte – ein grauenvoller

Anblick! – in wahnsinniger Angst mit Fäusten, Füßen, der Wucht seines Körpers die Tür zu erbrechen – die sich nicht mehr öffnen ließ.

Ich war kalt, eisig überlegt bisher: Da packte für eine Minute auch mich die Angst: Wird auch die Tür zu Erny – <u>nicht</u> aufgehen. Ich stürze hin, drehe die Schnalle – und juble: Es geht! Es geht!

Da hatte Deine Mutter mich erreicht. Wir betraten den Raum, in dem du im Hemdlein, laut weinend auf Deinem Bett saßest. Grete beginnt Dich anzukleiden – notdürftig wenigstens, so war ihre Absicht – doch bringt sie nur die linke Sandale (sie hat damit Dein Leben mit diesem letzten mütterlichen Liebesdienst gerettet!) an Dein Füßlein. Denn ich rufe ihr zu: „Keine Zeit verlieren! Wir wissen nicht wie es steht! Haben wir Zeit, so können wir später das nachholen. Nur rasch auf Deck hinauf! Rasch! Rasch!"

„Unser Geld? (Sie hatte einen Teil im Handtäschchen) Unsere Koffer?" (Einige Stücke waren in der Kabine, die anderen, darunter auch meine alte, gute Geige, die von Dir so geliebte „Liedel" waren unten im Schiffsraum.)

„Alles lassen! Kann später geschehen! Halte Dich dicht an mich und eile!"

Als wir die Kabine verlassen, steht der arme Vater immer noch vor jener Türe 25, heult, schreit, trommelt mit den Fäusten, Knien, Schultern, gegen die fest verschlossene Türe – ein leises Weinen dringt bis heraus zu uns. Auf Dich bedacht müssen wir fort, hinauf an das Tageslicht. – Ich habe den Mann nicht wiederge-sehen. Es wird ihn wohl dort der Tod ereilt haben, ihn und seine beiden Kinder!

Ich trage Dich im Arm durch eine rasend gewor-dene, gänzlich kopflose sich balgende, sich niedertre-tende Menge zum Promenadedeck hinauf. Seit ich Dich im Arm, Grete neben mir weiß bin ich wieder ganz ruhig, fest, entschlossen geworden, finde im Vorbeigehen sogar Zeit all die Verzweiflung rings um uns, alle jene Szenen wirklicher oder eingebildeter To-desangst – ich wusste es ja noch nicht, wie weit sie berechtigt war! – zu beobachten, auch die unfreiwil-lige Komik die erlösend, beruhigend mitten innen im Menschenknäuel aufblitzt. So mach' ich Grete auf eine jener geputzten Kartenspielerinnen aufmerksam, die auf einmal ihre prächtigen goldbraunen Locken verloren hat, so dass die darunter um den Kopf geleg-ten, grauen Haare sichtbar werden. Die Pracht liegt zu ihren Füßen. Ihre Züge sind verzerrt, sie schreit und weint – und findet doch – alterndes, sogar jetzt noch gefallsüchtiges Weib! – Zeit sich zu bücken und mit ei-ner Art von entschuldigendem, verschämtem Lächeln die Perücke sich wieder, aber verkehrt aufzusetzen!

Wir sind wieder an Deck! Deine Mutter, gefasst und ruhig wie ich, dicht neben mir. Mein Auge fällt auf den Bordstuhl des Frl. B. Er ist leer! Sie ist nirgends zu sehen! Werd' ich ihr, wenn es nötig ist, helfen können?

Da stürzt Fritzi, grün im Gesicht, mit von Ent-setzen hervorquellenden, erstarrten Augen, bebenden

Händen und Lippen auf mich zu! Der Anblick berührt mich im Momente widerlich, da mir die Angst, solange wir nicht wissen, was nun folgen wird, sinnlos, verfrüht und – gar selbstisch erscheint. Als sie aber die Lippen öffnet und ich das was sie mir zuruft erfasse hätte ich sie am liebsten wie eine Schwester umarmt und habe ihr vieles, vieles seither abgebeten, manchen Fehler verziehen, den sie begangen und denke heute auch an dieses Mädchen, wie an eine selbstlose, opfermutige Heldin.

Denn sie sagte zu mir:

„Um Gotteswillen Herr Professor! Wir sinken! Was geschieht jetzt nur mit unserm armen Büble? Was wird mit dem Büble sein? Wer wird unser Büble retten?"

Sie steht im Angesicht des Todes, glaubt es an jener grauenvollen Schwelle zu stehen, deren Anblick auch dem Fatalisten, dem Nervenstärksten ein innerliches, durchdringendes Erschauern abringt – und denkt an das ihr anvertraute Kind!

Ich blicke rasch über die Steuerbord-Reeling, wo wir die ganze Fahrt zu gebracht. Das Schiff hat seine Fahrt eingestellt und ich sehe dass der Abstand des Wasserspiegel in diesen wenigen Minuten die seit der Explosion verflossen waren uns stark sich genähert hat. Wir sinken also rasch! Mir schiesst's durch den Kopf: Rettungsgürtel für uns, dann aufs Sonnendeck oder wenn's möglich ist so rasch als möglich über Bord! – Vor Fritzi und Deiner Mutter, die in gefasster Ruhe aber mit ernsten, traurigen Augen vor mir steht, ein leicht gerötetes Gesicht hat, wie in den besten Stunden, vor ihnen verberge ich was ich entdeckte.

„Wer das Kind rettet? Ich selbstverständlich!" rufe ich Fritzi zu und sehe in der Nähe der Schiffstreppe jenen Oberleutnant u. seine Frau aus einem großen Haufen inmitten einer sich balgenden Menge Rettungsgürtel austeilen. „Laufen Sie rasch dorthin u. holen Sie Rettungsgürtel!"

Die Panik hat ihr höchstes Maß erreicht, es spielen sich Szenen ab, die unbeschreiblich sind, Schreien, Heulen, Fluchen, Beten gellt vom Dampfer auf. Sein Verdeck ist noch horizontal. Auf Backbord strömen dichte weiße Dampfwolken aus. Also die Kessel auch hin, geht's mir durch den Sinn.

Da kommt in den wenigen Secunden die wir auf die Gürtel warten, mit einem verzerrten Lächeln, eine Cigarette zwischen den Zähnen ein Schiffs-Officier an mir vorbei. Ich rufe ihn an: „Was ist's! Wir sinken?" – „Unsinn! Kleine Havarie! Hat nichts zu bedeuten!"

Da kocht der Zorn in mir auf! Wir sinken und er geht spazieren u. spricht von Kleiner Havarie! Hunderte sind ohne Rettungsgürtel, wissen nicht, wo sie finden, wie die Kisten öffnen, wie sie anlegen – und Du sprichst von „Kleiner Havarie".

„Sie Schwein", brülle ich ihn italienisch an, Täuschen sie das Publikum nicht! Machen sie Schiffe klar! Verteilen sie Gürtel! Schuft!" Er zuckt die Achseln, grinst – geht weiter. Er war der Einzige den ich von

der Bemannung während jener Minuten des Untergangs überhaupt gesehen habe!

Doch nein! Ich trete an die Reeling (immer das
weinende, an meinen Hals sich klammernde Kind im
l. Arm) und sehe zum Sonnendeck hinauf, um mich
über die Boote zu informieren. An Steuerbord wird
ein Boot frei gemacht, sage ein Boot und drinnen
sitzt Bemannung, ob von den Officieren einer drunter
war, erinnere ich mich nicht! Frl. Barbera aber und
jene Dame, die Dich später aufnahm behaupten es
decidiert!

Mein Blick gleitet zur Treppe, die auf's Sonnendeck führt. Da wollen wir ja hinauf sobald Fritzi
mit den Gürteln zurück ist. Ein unentwirrbarer, auf
Leben u. Tod kämpfender, sich zerfleischender Menschenknäuel ringt dort. Von den sinnlos wüthenden
Massen werden Frauen u. Kinder einfach niedergetreten. Dabei beginnt das Deck zuerst leise u. allmählich dann immer schneller, sich nach Backbord
zu neigen. Der Schiffslänge nach bleibt es bis zum
Schluss horizontal. Die Szenen um uns werden wilder u. immer wilder. Da komm' ich mit Euch Beiden nicht hinauf! – das seh' ich wohl! Ich bin mir
der Höhe der Gefahr wohl bewusst, in dem wie eine
Mausefalle construirten Promenadedeck zu bleiben,
mit seiner Eisen, teilweisen Glasverschallung, seiner
niederen Decke, die nur einen Spalt zum Entkommen
frei lässt. Aber die Hoffnung, durch einen Sprung,
wenn der nicht mehr möglich durch einen Zufall

herauszukommen scheint mir größer als die, Euch unbeschädigt u. rasch in die Höhe zu bringen, den es war schon hoch an der Zeit!

Vom Moment der Explosion bis dahin mögen etwa fünf Minuten vergangen sein und ich habe nur elende Bruchstücke, die wesentlichen, für Dich wichtigen Linie der Geschehnisse geschildert. Vielleicht werde ich später da u. dort ergänzen können.

Da meine Uhr 12' vor 3 h stehen blieb ich 6' vor ¾ zum letztenmal, unmittelbar vor der Explosion auf diese sah hat die Katastrophe bis zum Eintritt von Wasser in das Werk 9', bis zum Untergang etwa 7' gedauert.

Da kommt Fritzi, es sind einige Sekunden inzwischen vergangen, gefasster als früher mit den Rettungsgürteln zu uns zurück. Ich gebe ihr Dich zum Halten und lege meiner lieben, armen Gret den Gürtel um und knüpfe ihn fest. Dann nimmt sie ihren Herzbuben zum letzten mal auf den Arm und küsst Dich. Inzwischen versorge ich Fritzi. Das Verdeck wird immer schiefer, sodass wir uns kaum noch an der Reeling zu halten vermögen und ich erwäge schon den Sprung. Da drängt sich betend, zitternd eine alte, magere, schwerkranke Nonne an mich, einen Gürtel in der Hand. Ich kenne sie von Lussin. Sie war uns oft begegnet, hatte namentlich mit Dir immer gesprochen, Dich bekreuzigt – kurz: Sie konnte mit dem Gürtel nicht umgehen und bat mich flehentlich ihr zu helfen. Ich half ihr auch u. knüpfte die Bänder fest. – Ich wollte fast, ich hätte diese kostbaren Sekunden nicht versäumt! Damals wäre der Sprung noch möglich gewesen. Als ich aber auch damit fertig war, legte sich der Dampfer so rasch zur Seite, dass ich an der Reeling mich nicht mehr halten konnte und über die glatten Planken gegen die Wand des Rauchsalons glitt, wo neben mir Grete, neben dieser Fritzi lehnte, die mit Dir schon früher hinabgeglitten waren. In fieberhafter Eile versehe ich meine Brust mit dem Gürtel und nehme Dich, den wahnsinnig Schreienden in meine Arme. Gret und ich lehnen dicht nebeneinander, sodass uns eine Verständigung trotz des Tobens und Rasens um uns während der letzten Sekunden möglich war. Ich will unser Gespräch bis zum letzten Moment hier aufzeichnen. Denn es zeigt Dir, wie lieb wir uns hatten, wie todesmutig die Frau bis zum letzten Augenblick der Vernichtung entgegensah.

„Was kommt jetzt"

„Kind, liebes, der Untergang. Der Tod – vielleicht auch das Leben, wenn wir vom Dampfer los kommen."

„Der Tod! Das Leben ist so schön!"

„Küsse das Kind Liebe! Küsse mich jetzt" Sie tuts und küsst Dich auf die Stirn, mich auf die Wange. Ich reiche ihr die freie rechte Hand fasse sie fest, bewusst, dass es unser letztes Lebewohl sein könne. Ich fühle heute noch den warmen, festen Druck dieser Finger, der mir so oft im Leben Mut und Halt, der mir so oft – sie war keine Phrasendrescherin – von ihrer tiefen Liebe erzählt hatte!

„Lebwohl" sag ich!

„Lebwohl" antwortet sie „Und: wirst Du das Kind retten können?"

In mir steigt's siedend heiß herauf bis in die Augen. Mein Bub! Unser Herzbub! Für den steht's besonders schlecht! Das zarte Leben erhalten können? Ich sage mir: Kaum! Mein eigenes ist jetzt keinen Heller wert! Aber ich schwöre mir: Kämpfen will ich für ihn, solange noch ein Atemzug in mir ist! – Ich blicke meine Gret, meine Liebste fest an, dränge alle Zweifel in mir zurück und sage sicher und laut: „Bestimmt!"

Sie drauf: „Wenn Du bestimmt sagst, dann wird er gerettet. Auf dieses Wort von Dir hab' ich mich immer, immer verlassen können." Dabei lächelt sie müde und sieht uns voll Lieb' u. Güte an.

Der Dampfer liegt ganz auf Backbord. Steil ragt vor uns, fast senkrecht das Verdeck wie eine Mauer auf. Der Wassereinbruch muss von daher in jedem Moment kommen. Und was dann? So mache ich einen letzten, verzweifelten Versuch die Nägel der rechten, freien Hand in die Planken zu schlagen und mich da hinaufzuarbeiten. Vergebens! Ich gleite zurück. Das ist der Tod für uns alle. Auch jetzt bin ich, da wir gemeinsam sterben dürfen ruhig, klar im Kopf. Nur unendlich weh ist mir um's Herz. Du bist still geworden für ein paar Momente. Ich seh' Dich an und flüstre in Dein Ohr: „Ich hab Dich so lieb!" Dann wende ich den Kopf zu Gret, sehe zum letztenmal ihr liebes, treues Gesicht, die Augen den Mund den ich so oft geküsst.

„Ich hab Dich so sehr lieb" ruf ich ihr zu! Mit demselben matten, wehen Lächeln wie vorhin öffnet sie die Lippen:

„Ich hab Dich ――――" Sie konnte nicht vollenden!

Ein jäher, gellender, ohrenzerreissender Schrei zerreisst auf einmal die Luft. Ein Grauen, eine Verzweiflung liegt in ihm, wie ich's noch nie gehört. Ich werde ihn nie aus den Ohren und aus dem Herzen kriegen! Dann ein Brausen u. Gurgeln über uns: Ich sehe über der senkrechten Verdeck-Mauer weissen Gischt und Schaum dringen und sehe, fühle, höre von allen Seiten die Fluten auf uns niederstürzen. Es wird Nacht um mich! Es muss etwa 13' vor 3 h gewesen sein. –

Was nun folgt, mein lieber, tapferer Bub, der mir so wacker es sein kleiner dreijähriger Körper vermochte beim Rettungswerk half, das kann ich nur so bruchstückeweis erzählen. Denn als wir nach den Augenblicken höchster Todesqual aus dem gesunkenen Schiff zum Lichte auftauchten hatte uns beide jene kalte, harte Hand schon erfasst – und grausam, wie nur sie sein kann – wieder fahren lassen.

Doch steht jede Einzelheit klar vor mir. Denn ich war nach diesem Abschied innerlich so stahlhart, kalt, überlegt wie vorher, wenn ich auch sicher glaubte zu Grunde gehen zu müssen. Ich will's versuchen niederzuschreiben, was unter Wasser mir durch den Kopf schoss, was mit uns geschah.

Ich bade besonders gern bei stürmischer See, habe es auch in diesem Sommer getan und bin bei der stärksten Borabrandung immer soweit Herr der Wellen geblieben, dass ich mich in der richtigen Secunde auf die Lussiner Felsen schwingen und so ernsten Verletzungen, vielleicht dem Zerschmettern entgehen konnte. Es war ein Sport von mir, so zu baden. Die Wucht jener Wassermassen, jene Wirbel die uns aber damals beim Wassereinbruche erfassten war so ungeheuer, dass wir wie ein willenloses Stück Zeug von ihnen in der Mausefalle hin und hergeworfen wurden, da und dort, an Kanten, Ecken Wänden angeschlagen wurden. Ich habe vier Schläge gezählt. Das erstemal, als mich die Wucht des Wassers fasste muss ich Dich, nur mit dem linken Arm zu locker gehalten haben. Denn – ein Moment jäh aufzuckender Verzweiflung, die mir noch heute den Atem benimmt! – ich fühle wie Du mir entgleitest, Dein nasses, glitschiges Körperchen mir keinen Halt gibt, ich vergebens an einem Bein (es war das linke) hinabgleite – ! Da kommt am Füsslein mir was festes in die Hand, die mag nun zupacken! Ich halte nur mehr Deinen linken Fuß, den aber mit einer Kraft fest, wie sie nur die Verzweiflung uns eingibt. Die Sandale! Die Sandale schießts mir durch den Sinn. Deiner Mutter letzter Liebesdienst hat Dir so das Leben gerettet. Instinktiv reiße ich Dich an mich – noch tagelang hat in mir der Ruf, der Gedanke nachgehallt: Das Kind! Das Kind! Nun schlage ich beide Arme um Deine Brust, verschränke sie über Dir – nun halt' ich Dich fest, während wir hin und hergeworfen werden.

Innerlich geb' ich die Sache verloren, will sie abkürzen und atme zweimal während des Folgenden tief
Wasser ein – ganz bewusst dessen, was ich wollte.

Während die Erstickungsnot zunimmt, der Lufthunger qualvoll wird geht mir – daran erinnere ich
mich noch genau! das Folgende durch den Kopf:

„Das ist also der berühmte „angenehme" Ertrin-
kungstod. Gar so angenehm ist die Sache nicht! Wo
bleibt die Musik? Alles Schwindel! Soll's einmal einer
probieren! Jetzt verstehe ich das Bild der Ertränkungs-
lunge. Bei dieser Atemnot muss es ja zu capillären
Zerreissungen kommen! Ganz begreiflich, dass im
linken Ventrikel das Blut dünner wird. Die kryoskopische Blutprobe wär ja ganz gut, wenn die Wasser-
leichen nicht alle so faul wären, bis man sie auf den
Tisch kriegt! Wo bleibt die Musik?" Ich bin fast ärgerlich, um sie gefoppt zu sein. Dabei ist's mir, als
ob ich die Lunge eines Ertrunkenen seciere, mit dem
langen, großen, ganz schmal geschliffenen Messer, das
ich jahrelang benützte, immer über die Schnittfläche
fahre und das Ertrinkungsoedem davon abstreife. Ich
glaube, wir waren Beide schon halb drüben damals! So
dämmerte ich hin!

Da weckt mich – hin und hergeworfen von den
Wirbeln im Promenadedeck – ein Schlag gegen die
Stirn, der recht heftig gewesen sein muss, da ich noch
die Narben davon trage. Auch Dich muss er, da Dein
Köpfchen an mich gepresst war, getroffen haben, da
Du über Nase u. l. Gesichtshälfte später einen blauen

Streifen trugst! er weckt mich! Ich fahre innerlich zusammen, besinne mich!

Ich fühle eine Eisenkante, dünn und scharf und
denke: „Das muss die Eisentraverse sein die das Dach
d. Promenadendecks (also den unteren Rand des Sonnendecks) abschließt! Wenn Du drunter vorbeikämst,
so müsste es da in's Freie gehen!"

Instinctiv strecke ich den Kopf drunter hervor,
eine vom Inneren des Schiffs kommende Strömung
fasst uns, zwängt uns drunter durch – die Nacht wird
grün – es wird Licht –! Sonne in meinen Augen! Du
schreist aus voller Lunge! Das Kind – es lebt! Das ver-
zehnfacht Kraft und Mut! Ein halber Atemzug, der
doch in aller seiner Kürze belebt, befreit – dann ein
Wirbel, der uns in die Tiefe zieht! Ein neuerliches,
bewusstes Auftauchen, ein wenig Luft wieder! So hin
und her zwischen Leben u. Sterben. Oben höre ich
immer wieder Deine Stimme! Du lebst! Du lebst! Also
nach oben! Mit den Füßen u. der einen nun freien
Hand immer wieder hinauf! Dann einige Sekunden
Pause! Atmen dürfen! Dich, dem die Wellen wie mir
immer wieder Mund u. Nase verschliessen, fasse ich
fest im l. Arm. Mit Daumen u. Zeigefinger halte ich
Dein Kinn umfasst und hebe es, so hoch es geht, über
Wasser.

Um uns ein entsetzliches Ringen und Balgen,
wahnsinniges Schreien, Fluchen, Beten, Röcheln Ertrinkender, Sterbender – vom Dampfer keine Spur
mehr. Fern ein gekentertes Boot! Mehr sehe ich in

diesen Momenten nicht, denn mein Zwicker ist mir von der Nase gerissen worden. – Dem Boot will ich eben mit meiner Last zustreben. Mit einem <u>Kind</u> werden sie doch barmherzig sein – dann klammern in der Tiefe vier Hände meine Fußknöchel. Ich will mich befreien! Es gelingt nicht! Man zieht uns hinab!

„Bestien, mein Kind! Ich trage doch ein Kind! Sehen Sie nicht das Kind! Das Kind! Bestien! Bestien!" So stürmt's in mir auf, so schreie, brülle ich aufs Äußerste gereizt, gequält, gemartert in den Kampfespausen die nun folgen, in jenen kurzen Momenten, wo jene lebensgierigen, verkrampften Hände u. Arme in der Tiefe den Halt an mir verlieren und ich Dir, mein armer Bub, einen kurzen, immer wieder lebenserhaltenden Atemzug erobern kann.

„Wir Zwei – oder wir Vier, alle zusammen! Denn tragen kann ich Euch nicht!"

Und nun – in Verzweiflung hab' ich's getan, in höchster Todesnot, mit dem wütenden Begehren im Herzen, Dich zu erhalten: Ich habe so lange gegen die da drunten getreten, gestampft, meine Beine ihnen entzogen – bis es ruhig wurde unter mir. Ich habe bewusst zwei Menschen getötet, um unseres, Deines zu erhalten. Wer es war weiß ich nicht! Aber Geschöpfe warens gleich uns und heute noch rinnt's mir bei diesem Gedanken eiskalt über den Rücken und wenn ich vor dem Spiegel stehe überkommt mich ein Grauen darüber, <u>dass ich es tun musste</u>! Sie mögen's mir verzeihen, wenn sie's vermögen, die, denen ich vielleicht ihr liebstes geraubt: Ich konnte, ich durfte auch nicht anders! Es galt vier oder zwei Leichen! Es galt die eigene Erstickungsnot! Es galt Dein Leben! Und: Abgesehen von allem, wozu ich mich entschloss, was ich bewusst getan habe: Zum großen Teil sind wir in solchen Momenten höchster Todesnot beherrscht von dem unbezähmbaren, alles in uns dominierenden Willen zum Leben, der wie ein nicht unterdrückbarer Reflex uns dazu treibt, ganz automatenhaft zu handeln! – Endlich wurde es ruhig unter uns, todesruhig! Als wir zu einer kurzen Pause auftauchten weintest Du noch, schlangst Dein Ärmchen um meinen Nacken und legtest vertrauend und müde Dein Köpflein auf meine Stirn. Ich war zum Äußersten erschöpft, athemlos, außer mir, erholte mich aber rasch etwas, als ich in Frieden ein paar Athemzüge tun und sie auch Dir verschaffen konnte.

Ich blickte um mich! Eine von ringenden, wie die Bestien sich gebärdenden, nein wirklich bestialischen Menschen zerwühlte blaue See, Schreie, gellende Hilferufe, Gebete, Flüche um uns. Fern, fern die Küste, unerreichbar auch ohne die Last die ich trug – und wie ich mit meinen halbblinden Augen zu erkennen meinte, weit u. breit kein Schiff. – Was wird noch kommen? Mut! Ausdauer bis zum Letzten! Denn er lebt! Er lebt!

Da fühle ich – und das gehört mit zu dem Ermattendsten was ich damals durchlebte – wie der Gürtel, der sich im vorangegangenen Kampfe gelockert haben musste rutscht, abwärts, dem Becken zu. Die

Folgen – ich hatte ja nur eine Hand frei – waren qualvolle! Der Auftrieb, den der Unterleib dadurch gewann, drückte mir Kopf und Brust in die Wellen und
nimmt damit auch Dir trotz verzweifelter Abwehr- u.
Aufrichtungsversuche zeitweise die Luft. Immer wieder richte ich uns auf, fasse Dein Kinn, hebe es über
Wasser, suche den Gürtel mit der Rechten höher zu
heben, immer wieder misslingt's, immer wieder falle
ich, sinke ich nach vorne.

So treiben wir – wie lange weiß ich nicht! Dein
Schreien wird immer leiser, dein Armchen immer
schwächer, Dein Köpfchen sinkt mir – mit Entsetzen bemerke ich's ohne dass ich es halten könnte
vornüber!

Ich schreie Dir jetzt und später immer wieder ins
Ohr: „Kopf hoch! Erny, Kopf hoch!" Du hast verstanden, was ich von Dir wollte, Du tapferer braver Bub und halfst mit Deinen letzten schwachen
Kräften das Rettungswerk vollenden. – Wie ich so
arbeite, entsetzt, erschöpft, außer mir, nähert sich
uns, die wir bisher ziemlich abseits von den Kämpfen u. Balgereien über Wasser geblieben waren eine
Gruppe Raufender: Frauen u. Männer durcheinander. Da sie näher kommen erkenne ich erst, dass der
Kampf um ein Faß geht, ein weißes Fass, so groß
wie ein kleines Weinfass. Es muss halb voll gewesen
sein, da es nur eben über Wasser ragt. – Nur nicht
unter diese Wilden hinein! Sie entreißen mir, erschlagen mir das Kind! Ich trachte fort zu schwimmen!

Es geht nicht! Ich habe zu viel mit dem Gürtel, dem Kind, dem Aufrichten zu tun. Sie sind ganz nahe, das Fass mit ihnen, bei einem fruchtlosen Versuch, den Oberkörper aufrecht zu bekommen, fasse ich instinctiv den schmalen Rand des Fasses. Es gewährt einigen Halt, eine kleine Ruhepause. Die Raufenden um uns entfernen sich zum Teil, gehen unter – kurz nach einiger Zeit klammern sich am Faß nur wir uns an – und eine bleiche Frauenhand, zu der ein blasses Gesicht mit hervorquellenden Augen, aufgelösten Haaren gehört. Doch das Fass trägt uns nicht, sinkt! Es ist zu wenig für uns Drei! Ich lasse los, sinke sofort wieder vornüber. Der Gürtel drückt unsere Köpfe wieder ins Wasser! Es geht nicht! So geht's nicht länger! Nur ein paar Minuten Ruhe, dann kann ich den Gürtel richten, Du erholst Dich auch wieder –! Nur dann wär's möglich, wenn ich das Fass, welches die Frau und uns nicht zu tragen vermag ein paar Augenblicke allein hätte. Ich rufe sie an:

„Ich hab' ein Kind zu retten! Kann nimmer mehr! Muss mich ausruhen! Nur ein paar Augenblicke! Lassen Sie das Faß einen Moment los! Lassen Sie los! Lassen Sie los! Ich muss das Kind retten, das Kind, das Kind!"

Und die bleiche, müde Hand – lässt los! Freiwillig los! Verzichtet auf den letzten Halt! Sie muss einer Mutter gehört haben oder einer schon Bewusstlosen! Sonst hätte sie mich weggestoßen. So aber lässt sie los! Gesegnet sei die Hand, gesegnet die Frau die solches

tat! Vergebens suche ich in meiner Erinnerung ihre
Züge mir wieder lebendig zu machen. Ich weiß nicht
wer es war. Ich – vielleicht ist es auch <u>besser</u> dass ich
es nicht weiß!

Nur ein paar Augenblicke! Dann soll sie's allein
haben! Ich will – ich <u>werde</u> ihr sogar helfen können!

Den linken Ellenbogen mit der Last Deines Körperchens – Du wogst 15.5 kg damals – stütze ich auf
das Fass, fahre mit der rechten Hand an den verfluchten Gürtel, ziehe, zerre ihn nach aufwärts über
die schweren, faltigen Kleider. Es misslingt zuerst,
dann geht's. Er sitzt nur mehr locker – aber <u>oben</u>, unter den <u>Armen</u>! Ich gleite vom Fass ab, halte es mit
der rechten Hand, tue ein paar tiefe Atemzüge und
sehe mich zugleich nach der Frau um. Ich – sehe sie
nicht mehr – ich finde sie nicht mehr! Oder war's jene
Leiche, die dort drüben trieb Rücken nach oben? Es
war furchtbar, <u>ist</u> furchtbar besonders wenn man vom
Schreibtische aus daran zurückdenkt, abwägt – ob
dieses Opfer <u>unbedingt</u> nötig war? Wer dieses Opfer
gewesen sein mag?

Weiter! Es kommen andere in die Nähe. Sie gewahren unser Fass, schwimmen darauf zu! Starke Männer – eine Frau wird zurückgestoßen. Ich fürchte die
Brutalität, stoße ihnen das Fass zu und treibe wieder,
Dich immer im linken Arm, nun Dein Köpflein auf
meine Schläfe gelegt. Der Gürtel bleibt oben, wir
könnten uns noch lange, lange halten, wenn mich
nicht ein brennender Schmerz, ein Schwächegefühl im

linken Arm mahnen würde, dass seine Kraft am Ende ist. Wechseln? Dich vielleicht verlieren? Dich neuerlich der Möglichkeit des Einatmens von Wasser aussetzen! So lange es zu vermeiden ist, alles lieber als das!

Um uns ist's ruhiger geworden, die See merkwürdig glatt, schwerbeweglich, schwarz! Ich sehe nur mich. In nächster Nähe schwimmt ein Mann. Ich erstaune. Sein verzerrtes Gesicht ist schwarz, wie das eines Negers. Ein Verbrannter, denke ich zuerst. Dann fällt mein Blick auf Dich: Deine sonst hell blonden Locken kleben in schwarzen, schmierigen Strähnen an Deiner Stirn, das Gesichtlein ist schwarz, schmierig, meine Hände desgleichen, alles fühlt sich so fettig an, das Wasser das ich trinke – denn immer gehts auch jetzt nicht ohne einen kräftigen Schluck ab, da Dein Gewicht getragen und vor allem gehalten sein will – die Luft die wir atmen – alles hat einen ekelhaften Geruch u. Geschmack nach Petroleum, Schmieröl.

Da erinnere ich mich, dass diese beiden Dampfer nicht mit Kohlen sondern mit Naphta gefeuert waren. Also sind die Naphtatanks durchgeschlagen worden. Sie sind unten im Schiffsraum – also doch eine Mine!

Wir treiben und treiben und ich fühl's: Lange geht's so nimmer! Ich bin am Ende! Und vor allem: Du weintest nicht mehr! Dein Köpflein fiel immer schlaff herab, sobald ich meinen Kopf schief halten musste – du warst bewusstlos. Lebtest Du noch? Ich fühlte Dich noch ein wenig, ganz schwach atmen. Wie lange noch! – Von Gret hatte ich nichts mehr gesehen – sie war wohl unten oder trieb als Leiche. Wenn Du auch erlegen sein würdest – so entschloss ich mich! – will ich den Gürtel abwerfen, untertauchen, abkürzen. Wozu ohne Euch leben? Aber woher sich vergewissern ob's für <u>uns</u> nicht doch noch Rettung gibt.

Wir waren in die Nähe jenes einen Bootes getrieben, welches als einziges frei gemacht worden war und das ich früher schon in der Ferne hatte treiben sehen. Eine Frau hat später berichtet, dass um einen Sitz auf dem Schiffskiel verzweifelte Kämpfe ausgefochten wurden, Kinder u. Frauen mit Rudern erschlagen worden seien.

Davon habe ich nichts wahrgenommen, kann aber auch das Gegenteil nicht aussagen, da ich zu sehr mit uns beschäftigt war, auch zu kurzsichtig bin, um ohne Zwicker auf größere Entfernung klar zu sehen, in der wir uns damals befunden haben mussten. Ich weiß nur, dass um das Boot als wir ihm nahe kamen sich Leute mühten, alles kräftige, junge Männer, die später mit mir in einem Zimmer saßen. Einer davon war jener Lloydofficier, der außer Dienst mitreiste, Lupinič oder so ähnlich hat er geheißen. Zwei andere stellten sich mir an Land als Maschinisten des Schiffes vor. Es ist diese Tatsache betrübend genug! – Wer aber die Erstickungsnot, den entsetzlich demoralisierenden Eindruck des Unterganges, das halb reflektorische Ringen um's eigene Leben mitgemacht hat wird es verstehen, wenn auch nicht eben billigen können.

Denn sie waren jung, stark, allein und – im Dienst! Sie hätten sich auch so über Wasser halten – oder untergehen müssen. Dann hätte man von ihnen als von braven Seeleuten sprechen dürfen. So vermag ich's nicht!

Ich rufe sie an: „Ist keine Rettung in Sicht?" An ihrer Statt, – sie mühten sich mit dem Boot! – antwortete ein Mann mit Brille, der gravitätisch und bequem von seinem gutsitzenden Rettungsgürtel getragen wurde: „3 Torpedobootzerstörer sind schon ganz nahe!" Ich habe ihn später als einen Regierungsrat kennengelernt, die richtige doktrinäre „höhere" Beamtenseele. Denn ich erinnere mich, wie er bald nach diesem Augenblick zu den Seinen, die gleichfalls wohlgeborgen um ihn herum schwammen einen Vortrag hielt: Dass es eigentlich ganz leicht sei, sich zu retten. Nur gefasst müsse man bleiben, zweckmäßig handeln müsse man. Dann gehe es ganz von selbst. Dabei wischte er immer mit der fettigen Hand die fettige Brille – ein Anblick, eine Situation, die zum Lachen gestimmt hätte, wäre man, wäre ich dessen fähig gewesen. Denn so ganz leicht, so ganz selbstverständlich war unser Entrinnen nicht gewesen – und: Warum sah ich noch immer nichts von meiner lieben, lieben Grete, von Fritzi, von Frl. Barbera?

Endlich: Ich war am Ende meines Könnens damals, mehr tot als lebendig. Aber das Wort: Drei Zerstörer sind nahe hießen mich das Letzte hergeben. Denn ich fühlte ganz schwach Deinen Athem, wenngleich Du bewusstlos warst! Vielleicht wäre damals noch alles misslungen und ich hätte eine kleine Leiche an Bord gebracht, wenn mir die letzten 10 Minuten des Schwimmens hindurch nicht eines jener langen, mächtigen Ruder in die Hände getrieben worden wäre, die einen Mann leicht über Wasser halten. Ich ergriff es legte es auf den Rücken zweier treibender Leichen schob es unter meine rechte Achsel und hob mich links so weit über Wasser und Öl, dass Du, auch bewusstlos, Luft bekommen musstest und geborgen warst. So harrte ich aus! – Wie aus dem Nebel heraus – das machte wohl auch meine Kurzsichtigkeit – sah ich plötzlich den Bug eines Zerstörers – es war der „Czepel" vor mir auftauchen und stillestehen. Rettungsboote wurden klar gemacht, zu Wasser gelassen, giengen auf Suche. Ein Jauchzen, ein Hurra gieng durch die Reihen der Überlebenden. Nur ich schwieg. Lebtest Du? <u>Bliebst</u> Du am Leben? Und: Wo war Grete? –

Da passiert dicht ein Rettungsboot uns zwei und unsere Kadaver. Ich schreie, brülle: „Ein Kind! Ein Kind! Allein halte ich aus – nehmen Sie nur das Kind!"

Nichts! Man versteht mich nicht, man ist übervoll! Das Boot fährt vorüber.

Aber jede Minute kann für Dich Leben oder Tod bedeuten. Ein zweites Boot passiert uns, übervoll wie das erste. Ich rufe es italienisch und deutsch an. Sie wollen passieren. Da erkennt mich jene Frau aus Lussin mit dem Töchterchen, macht die Matrosen auf uns aufmerksam. Sie kommen! Sie kommen! Sie nehmen den kleinen, armen, beschmierten Körper zu sich, wollen mir einen Rettungsgürtel zu werfen. „Non bisogno questa roba! Grazie tante! Per un altro Signor!"

Ich habe ja jetzt beide Arme frei, einen gesunden, den anderen allerdings – das merke ich erst jetzt – gebrauchsunfähig, kraftlos, schmerzend vom langen Halten Deines kleinen Körpers. Sie fahren fort, ich schwimme langsam, langsam nach. Da löst sich zuerst die entsetzliche Spannung in mir. „Er ist an Bord!"

Eine entsetzliche Übelkeit überkommt mich. Ich erbreche, erbreche Wasser, Öl, Speisereste – doch arbeite ich mich vorwärts und erreiche – es soll beiläufig 4 h gewesen sein – das Fallrep. Aber hinaufzuturnen in den schweren Kleidern die mich in die Tiefe ziehen, das vermag ich nicht mehr! Zwei, vier Fäuste, packen, heben mich! Ich stehe auf der Treppe.

„Lebt das Kind?" schreie ich hinauf. „Wir wissen nicht!" Ich laufe hinauf. Da liegst Du in Putzwolle eingehüllt, beschmiert, beschmutzt, das linke Schuhlein am schlaff nach aufwärts gerollten Bein, die Augen verglast, halbgeschlossen – ein Anblick der mir durch die Seele geht! Neben Dir jene Frau und ihre 11jährige Tochter!

„Er lebt!" sagt sie.

Ich beuge mich zu Dir, fühle den Puls: Schwach aber regelmäßig. Herztöne deutlich! Atmung in Gang! Ich richte Dich auf und horche Dich ab: Links hast Du viel Wasser, rechts weniger. Es rasselt u. pfeift – aber Du atmest doch. Ich küsse Dich und Du lächelst, mich erkennend, matt mich an. Nun gehts an's Laben, an's Helfen. Der Kommandant, alle Matrosen u. Offiziere bemühen sich um Dich und es erscheint ihnen unerhört, dass ich Dich retten konnte. Von beil. 80 Kindern warst Du das einzige kleine, das überlebte! Sie geben Dir Wasser, Milch, Zucker mit Schnaps. Den magst Du nicht aber ich zwinge ihn Dir zwischen die Lippen und folgsam wie Du bist schluckst du das Dir ungewohnte, scharfe Zeug und sagst – es war Dein erstes Wort! – : „Gut Pápa!"

Ich küsste und küsste Dich, trug Dich auf die verschallte Kommandobrücke und bettete Dich in Kotzen, warm und gut! Das Wasser, das Öl rann uns aus Mund und Nase, wir erbrachen alle paar Minuten – aber Du lebtest doch!

Mein erster Wunsch war eine Cigarette. Ich erhielt sie und rauchte sie, in tiefen Zügen, obwohl sie ganz ölig von meinen Händen wurde.

Während das Meer noch weiter abgesucht, die Toten allmählich geborgen werden spreche ich mit dem Schiffsleutnant. Er ist empört über den Kapitän der als Erster sich rettete und gegen seine Vorschrift statt zwölf acht Seemeilen von Land, zwei Meilen im Minenfeld fuhr. „Und er hat die Grenze gekannt" versicherte er mich „erst vor ein paar Tagen ist er von einem Seeofficier sie abgeführt worden. Dieses Schwein!" Das waren seine Worte. Und: „Wir sind, als wir die Explosion und den Untergang sahen mit maximaler Geschwindigkeit hierher, mitten in's Minenfeld

gefahren" „So sind wir noch mittendrinnen?" „Ja"
sagt er. Ich suche – ich hatte mich völlig entkleidet
und stehe nackt, unbekümmert um die Frauen neben dem Officier – ich suche mit den Augen meinen
Rettungsgürtel! Er sieht den Blick und lacht: „Keine
Sorge! Hier sind Sie sicher!" Prächtige, liebe Menschen
vom Ersten bis zum Letzten haben sie sich benommen,
wie es Seeleuten ziemt, dabei hilfsbereit bis zur letzten Hose! – – Kommandos schallen über Bord! Die
Maschine beginnt zu arbeiten. Wir schießen über das
Meer, hinter uns die beiden anderen Zerstörer. Wir an
der Tête. Du liegst, häufig hustend und brechend, im
Kommandoturm in Kotzen eingeschlagen. So oft ich
Dir nahe komme streichelst Du mir Hand und Wan-
gen, als ob Du wüsstest, was hinter uns liegt – als ob
Du mich trösten wolltest.

Wo ist Grete? Wo sind die Anderen! Ich schreite
das Schiff ganz ab. Nichts! Lauter beschmierte, ver-
zerrte, erschöpfte Gesichter – ihre lieben, treuen Züge
find' ich nicht! Niemand ruft mich an! Aber da hin-
ten! Da fahren noch zwei Boote, die auch Gerettete
an Bord haben. Unter denen muss sie sein! Sie hatte
ja einen Rettungsgürtel! Aber: Ist sie überhaupt, ist sie
rechtzeitig aus der Mausefalle gekommen? Eine unsag-
bare Angst kriecht mir das Herz hinan. Ich bezwinge
sie! Noch ist Hoffnung!

Gegen 6 h fahren wir in Pola in den Kriegshafen
und machen dicht an Land an den Boyen fest. Tender
kommen: Einsteigen! Ich trage Dich bis zum Fallrep,

eine Maja, eine Matrosenhose an, Du in Putzwolle u. einem Matrosenleibchen. Dich hinabzutragen fühle ich mich zu unsicher u. müde. Ein Matrose tuts. Wie ich den Tender besteige fragt mich ein Etwas von Mensch: „Wo ist ihre Frau". Ich fasse es nicht auf. Wie ich später hörte (es war Frl. Barbera, die ich nicht erkannte, lange Zeit für tot hielt) soll ich verzweifelt die Achseln gezuckt haben. Wir gehen achterwärts, ich bette Dich auf meinen Knien, küsse, küsse, küsse Dich, beruhige, segne Dich. Neben mir das Päckchen mit Uhr, Brieftasche, Cigarettenetui, Portemonay, der linken Sandale – die unbrauchbaren Kleider habe ich an Bord zurückgelassen.

Wir nähern uns dem Land, wo eine Gruppe Geretteter steht. Ich sehe hin, glaube eine liebe Gestalt zu erkennen. Ja! Sie ist's! Grete ist!

Ich stehe auf, strecke das Kind ihr entgegen ein Blitz der Freude durchfährt mich! So war's nicht umsonst!

An Land werde ich, das Kind auf den Armen von Hurras u. Evivas umbraust. Man gratuliert mir zur Rettung des Kindes, bezeichnet's als ein Wunder, eine – ich schäme mich's niederzuschreiben! – als eine Heldentat. Stolz wie ein König, mein lebendes, mein gesundes Büble im Arm, glückselig eile ich auf jene Frau zu, halte ihr das Kind hin, rufe: „Bestimmt, Gret! Ich hab es gesagt!" Sie blickt mich verständnislos an. Ich sehe genauer mit meinen halb blinden Augen zu. Da wird's Nacht um mich! Ich wende den Kopf –

es war eine Fremde! Da bin ich gar still mit meinem Bündel zu einer Treppe gegangen und hab' mich auf eine Stufe gesetzt – verzeih' Kind! Trotzdem ich Dich im Arm geborgen hielt, hab' ich von Herzensgrund, vor allen allen Leuten geweint! –

18.9. Morgen fahre ich früh zu Dir nach Wartberg, wo Du bei den Großeltern bist und mein Kommen sehnlichst erwartest. Kehre ich zurück, will ich im Erzählen fortfahren!

Nun war ich wieder ein paar Tage bei Dir und Deiner Mutter Grab. Mit Dir hab' ich unsere alten Spiele gespielt, dort habe ich lange, lange nach rückwärts gesehen und – Hand in Hand mit ihr! – unsere leere Zukunft bedacht, die nun vor uns liegt! –

Lass mich weiter erzählen!

Da fasst mich eine Hand an der Schulter und ich höre zu mir sprechen! „Sie sollten mit dem Kind nicht im Zug sitzen! Kommen Sie in meine Kanzlei! Dort können Sie es auf einen Divan legen!" Ein Major wars, der so sprach. Ich folgte ihm willenlos, bettete Dich, so gut es gieng auf dem Ruhebett, welches jene Maschinisten und der Officier (Lupinic oder so ähnlich) besetzt hatten. Man fragte, ob ich bes. Wünsche habe und ich bat, den Oberstleutn.-Auditor Max Neumayer, den Mann von Gretes Kusine, der in Pola in Garnison lag, von unserem Hiersein zu verständigen.

Der Abend sank herab. Draussen ratterten die Rettungswägen u. Autos hin u. her, die Lebende und Tote von den Tendern aufnahmen und zum Marinespital brachten. Aufgeregte Gespräche der Officiere, harte Urteile über den Kapitän, Weinen, Dankgebete drangen durch die offenen Fenster zu uns herein. Du lagst still und fiebrig in Deiner Wolle, hieltest meine Hand umklammert und stelltest nur manchmal die stereotyp wiederkehrende Frage an mich: „Warum ist der Dampfer untergegangen? Wo ist die Mami und Fritzi."

Was ich Dir sagte, weiß ich nicht mehr. Aber geküsst hab' ich Dich immer wieder, Deine fetten, schwarzen Locken hab ich gestreichelt und den Tag gesegnet, der Dich uns gegeben.

Onkel Max gieng zweimal an uns vorbei ohne uns zu kennen, dann rief er uns an. In abgerissenen hastigen Sätzen verständigten wir uns. Er setzte es durch, dass wir rasch in's Marinespital überführt wurden und versprach mir, bei den drei Torpedobooten und sonst überall sich zu erkundigen, ob man Grete nicht doch gefunden habe.

Wir fuhren im Auto zum Spital hinauf. Es war Nacht geworden. Ein hastiges Treiben herrschte auf den matt erleuchteten Treppen u. Gängen, die ich von meiner Dienstzeit her so gut kannte und die ich nach zwölf Jahren so wieder sehen musste!

Manche der Aerzte erkannten mich wieder, als ich ihnen meinen Namen nannte. Sie verschafften uns Beiden auch auf der Officiersabteilung ein isoliertes Zimmer. Dort putzte ich, soweit ich es vermochte, Dein armes, erschöpftes, beschmiertes Körperchen, gab Dir warme Milch und legte Dich so rasch es angieng zu Bett, wo Du erschöpft gleich einschliefst.

Nun durfte auch ich suchen! Ich übergab die Obhut über Dich der Schwester und schritt im großen Spital von Saal zu Saal, trat an jedes Bett, aus dem ein Frauenkopf hervorlugte und fragte – und fragte! Lauter Fremde! Nur Unbekannte! Von Grete, von Fritzi von Frl. Barbera keine Spur! – Still schlich ich wieder die Treppen u. Gänge hinauf, zu Dir, dem Einzigen was mir die Welt noch barg!

Später, so um 10 h wird's gewesen sein, kam Max wieder. Auch er hatte keine Nachrichten, als die, dass alle Überlebenden (150 an der Zahl) hier untergebracht, die Leichen auf den Schießplatz zur Agnoscierung überführt worden seien. Wir besprachen noch, was am kommenden Tag geschehen müsse – dann gieng er und ich blieb allein mit Dir und mit meinen Gedanken!

Lass mich, lieber Bub, diese grauenvolle Nacht übergehen! Ich saß am offenen Fenster und rauchte Cigarette auf Cigarette, horchte auf jeden Deiner Atemzüge, beruhigte Dich, wenn Du aufschriest, bettete Dich um, wenn Du unbequem lagst. Und wenn's zu unerträglich in mir aussah, dann trat ich wieder an Dein Lager und sagte mir immer aufs Neue vor, dass Du lebest! Das hat mich auch jenen ersten Morgen erleben lassen, an dem im Grauen des jungen Tages vor meinem Fenster ein Flieger hoch oben seine Kreise zog und das rings erwachende Leben um mich mir die qualvolle Gewissheit gab, dass trotz alles Entsetzlichen was hinter mir lag, das Leben unbekümmert, unbeeinflusst seinen Gang weitergieng – und dass ich's um Deinetwillen eben ertragen <u>müsse</u>!

Du erwachtest spät, um 9 h etwa. Als Du unter großem Geheul gebadet warst und wieder unserem „Herzbuben" ähnlich sahst, kam die alte Munterkeit wieder über Dich. Du wolltest herumkraxeln, vom Bett auf den Boden springen. Als ich's, Dich an den Händen haltend, zuließ, knicktest Du ein und sagtest ganz traurig: „Papa, dazu bin ich noch zu schwach!"

Max brachte mir die nötigsten Kleider und Dir eine Pflegemutter, die während der Stunden Dich betreuen sollte, während welcher wir unter den Toten nach der suchten, die wir als Lebende nicht wiedergefunden hatten. Die Frau, der ich immer von ganzem Herzen dankbar sein werde, war die Admiralin Loeffler. Sie hat viel Gutes an Dir und an den Frauen getan, die ohne Kleidung, ohne Kreuzer Geld in der unangenehmsten Lage ohne ihre Hilfe gewesen wären.

Zuerst brachte ich Dich, in ein Leintuch gehüllt mit Max zur Stadt, zog dort von einer neugierig gaffenden Menge gefolgt von Laden zu Laden, bis Du gekleidet warst. Dann brachten wir Dich in die Casa dell' Admiralaglio, wo Loeffler's wohnten. Wir versuchten von Dir loszukommen um unseren schweren Gang zu tun. Als Du meine Absicht durchschautest, klammertest Du wie ein Verzweifelter Dich an mich und tust es, im Gegensatz zu früher, seither auch jetzt noch immer, sobald ich Dich verlassen will selbst dann wenn Du bei gut Bekannten bist. Fühlt Deines kleines

Herz, weiß Dein Hirn wie eng wir Zwei verbunden sind, noch enger, seitdem wir dem Tode gemeinsam mit knapper Not entwischten. Kennst Du das Opfer, welches das Fortleben um Deinetwillen für mich bedeutet, und ist es neben Deiner alten Liebe zu mir auch Dankbarkeit?

Mit Gewalt mussten wir uns losreissen! Auf dem Schießplatz angelangt wurden wir in eine schlecht vom Tageslicht beleuchtete Halle geführt! Leiche lag neben Leiche gereiht, der mächtige Raum war mit ihnen bedeckt. Am Eingang lagen in noch ungeordneten Haufen die armen, kleinen Kinder übereinander geschichtet.

Man hatte die erwachsenen Opfer auf den Rücken gelegt, die eine Gesichtshälfte notdürftig vom Öl gereinigt und nach oben gedreht, bei den Frauen das Schuhwerk und die Strümpfe entblösst, um die Agnoszierung zu erleichtern. Jedes linke Bein trug eine Nummer!

Ich weiß, dass ich damals wünschte, innig wünschte, so Grete nicht wiedersehen zu müssen, jenes teuere Bild ungeschmälert in mir tragen zu dürfen, wie ich es im Leben noch, in höchster Todesnot zuletzt in mich aufgenommen hatte. Es sollte nicht sein! Und ich muss heute sagen, dass es so besser gewesen ist. Liegt doch unser Mütterlein jetzt dort begraben, wo auszuruhen, nach langen Jahren des Glückes ausruhen zu dürfen sie immer sich gewünscht hatte. Haben wir Beide und die Großeltern doch einen Ort, den wir im

Andenken an die Gute besuchen, den wir schmücken u. ehren dürfen! – Nach langem Suchen fand ich sie und erkannte sie zuerst an den Strümpfen. Dann fand ich mich auch in den blassen Zügen zurecht, die der Tod vergeistigt hatte. Der Mantel fehlte, der Rettungsgürtel auch. Hat sie beides verloren? Oder hat man es ihr bei Wiederbelebungsversuchen abgenommen, wie meinen Ring? Ich habe es nicht in Erfahrung bringen können.

Ich wandte mich rasch ab und gieng in's Freie. Ich konnte nicht mehr! Max hat mir nachher gesagt, dass Gret an der rechten Schläfe eine tiefe Wunde gehabt habe. Ich hoffe also, dass die Arme, Liebe durch die hereinbrechenden Wassermassen gegen eine Kante geschleudert worden ist, die Besinnung verloren hat und so sich nicht rasch über Wasser hinauf arbeiten konnte. Der Gürtel hat dann wohl an der Toten besorgt, was er an der Lebenden hätte tun sollen. Für diese Annahme spricht wohl auch der Umstand, dass unser armes Mütterlein nicht, wie die Leichen Ertrunkener Schaum vor dem Munde hatte.

Möge sie ohne Bewusstsein, ohne Kampf, noch unsere Lippen, unsere Liebe spürend in's große Nichts hinübergegangen sein! Wir sind so arm, dass uns nur das zu wünschen bleibt!

Von Fritzi habe ich und hat man nichts mehr gefunden. Sie muss von den Wassern ergriffen durch den Durchlass zwischen den Rauchfängen hindurch nach Backbord gespühlt und hier von dem umkippenden Dampfer begraben worden sein. Da ich von Frl. Barbera auch hier nichts fand machte ich dieselbe Annahme für ihre Person – bis ich durch einen Brief von ihrer Hand eines Besseren belehrt wurde! Sie schrieb, dass sie auf das Sonnendeck gleich anfangs geflohen sei, beim Untergang weggeschwemmt und halbertrunken von unserem Zerstörer „Czepel" aufgefischt wurde. Die schwer Herzleidende war die Frau, die mich, wie sie sagt, nach Grete fragte, als wir den Tender bestiegen. Sie erreichte nach mancherlei Mühsalen, die ich hätte erleichtern können, die ich so gerne ihr erspart hätte Wien. Wir schreiben uns oft – denn sie hat Deine Mutter und Dich sehr gerne gehabt.

Nach jenem Wiedersehen gab's zweierlei Pflichten, die mich zum Handeln trieben und ein Versenken in das Geschehene nicht zuließen: Das war die Sorge um Dich, die Betreuung des Kleinen, der durch seine Existenz allein, durch sein Bedürfnis nach Beschäftigung, Spiel, Zerstreuung mit tausend lieben Fäden mich an das Leben fesselte, mein Denken und Sorgen in die Zukunft wies; dann der letzte, traurige Dienst, den ich meinem „Mädele" erweisen musste.

Beides erheischte eine rasche Rückreise! Man erwartete damals, kurz nach der Kriegserklärung Frankreichs u. Englands, angesichts der schmachvollen, „neutralen", revera drohenden oder unzuverlässigen Haltung unseres italienischen „Bundesgenossen" stündlich das Erscheinen der vereinigten feindlichen Geschwader vor Pola und eine Beschiessung dieser

Festung. Wollte ich nicht auch Dein Leben neuerdings in Gefahr bringen, so war jede Stunde Zeitgewinn wertvoll. Dann musste Gretes Leichnam, wenn möglich, freibekommen, von der Massenbeisetzung oder einer vorübergehenden Beisetzung auf Kriegsdauer in P. bewahrt, rasch nach Wartberg gebracht werden. Sie hat es immer vorgehabt nach dem Süden einige Wochen dort zu verleben – nun ruht ihre Leiche dort! –

Ich will die Einzelheiten jenes 14. u. 15. August übergehen! Es gelang uns durch das Eingreifen d. Grafen Schönfeld, früheren Bezirkshauptmann von Mürzzuschlag nachdem die Transportierung der Leiche schon verboten war nach endlosen Lauferein, Betteleien im letzten Augenblick die Überführung doch durchzusetzen. Du warst selig darüber, den ganzen Tag im Wagen durch die Stadt zu fahren. Für mich war es ein unsagbar hartes Stück, nach innen und außen, Du kannst es mir glauben! In diesen Tagen und auch jetzt noch lerne ich es voll ermessen, was der Ausdruck „Zerrissenheit" bedeutet, um wie viel schwerer er zu ertragen ist, als ein Schmerz, der sich in sich ungestört ausleben darf!

Kurz: Im letzten Moment vor Abgang unseres Zuges nach Norden, während Du ahnungslos und begeistert, schon wieder reisen zu dürfen, im Waggon auf u. ab klettertest erschien der Fourgon auf dem Bahnsteig. An den letzten Waggon, in dem wir der Abfahrt harrten, wurde ein Frachtwagen mit einem weissen Kreuz angeschoben und unser Mütterlein hineingehoben.

So hatten wir es doch in unserer Nähe und wohl an die tausendmal flüsterte ich in den nächsten 36 Stunden – so lange dauerte die Reise – zu jenem stillen Gefährten hinüber: „Schau Kind er lebt, er ist lustig! Er schläft! Er isst!" Und hab' auch andere Zwiesprach mit ihr gehalten über das was so schön, so hold gewesen, über das, was kommen muss und wird: Über die Notwendigkeit weiterzuleben um Deinetwillen und wie ich am besten in ihrem Sinne all das durchführen wolle! Es war mir eine Wohltat und Qual zugleich, sie so nahe zu wissen!

Die Reise war schier endlos! Wir reisten von Samstag Mittag bis Montag Morgen 2 h nach Graz. Du schliefst viel, warst zärtlich und lieb mit mir, wenn Du wachtest und folgtest mir wie immer, wenn es Deiner Vernunft zugänglich war. Ich hatte einige Spielsachen mitgenommen, so dass wir uns die Zeit vertreiben konnten, so gut es eben gehen mochte. Qualvoll war's wenn Du schliefst und ich, Deine Hand in meiner auf einem Rand Deines Lagers saß, damit Du durch die Stösse bei dem fortwährenden Verschieben nicht fortgeschleudert werdest. An Schlaf war nicht zu denken. Nach der Katastrophe habe ich am Dienstag den 18. zum erstenmal diese Wohltat wieder genossen. Deine Verpflegung war schwierig, unregelmäßig. Dennoch hat Dein kleiner Körper, der bis her so sorgsam von allen kleinsten Schädigungen bewahrt worden war, alle diese mächtigen Attaquen fast anstandslos ertragen. Doch will es mir scheinen, als habe Deine wache, liebevolle Seele schwerer darunter gelitten. Heute hoffe ich dankbar sagen zu können, dass auch das überwunden ist!

In Laibach hatten wir am Sonntag vier Stunden Aufenthalt. Da ich in Pola nur leichteste Sommersachen für Dich hatte auftreiben können, infolge eines Wetterumschlags aber plötzliche Kälte eingetreten war, kaufte ich dort von einem lieben, jungen Pfadfinder geleitet allerhand warmes Zeug für Dich. Morgens um 2 h langte unser Zug endlich in Graz ein. Du schliefst gut. Ich musste Dich wecken und konnte Dich in Deiner Schlaftrunkenheit nicht dazu bringen, Deine warmen Sachen Dir anziehen zu lassen, Dein Lager zu verlassen. Damals kam der erste Schreianfall über Dich, der sich dann einige Male wiederholte und mich um Dein Seelchen so besorgt machte. Es gab keine Wahl! Ich packte Dich, eingehüllt in einen Plaid und trug Dich in einem Arm, den Koffer, der das Nötigste barg im anderen in die Nacht hinaus. Eiseskälte für uns verwöhnte Südländer, Regen u. Sturm. So schritt ich über den Bahnhofplatz in meinem weißen Anzug, grauen Schlapphut wie ein richtiger Vagabund auf's Hotel Daniel zu, wo ich durch meine Mutter Zimmer bestellt hatte. Sie war dort – ein arges, arges Wiedersehen!

Um schlafen zu können stürzte ich, vom Erlebten erzählend, während Du beruhigt schliefst eine halbe Flasche Sherry hinunter. Sie hatte eine gegenteilige Wirkung! Ich musste mit Herzklopfen total übermüdet, überreizt den Morgen abermals herankommen sehen.

Dann gieng's – in unser Hilmhaus, in unsere liebe, warme Heimat, in deren Mauern jeder Stein, jede Blume, jede Türschnalle immerzu nur von ihr sprach, vom Hausmütterlein, das jedes Ding mit Güte, Liebe u. Humor erfüllt hatte – und das nun nicht mehr war!

Kannst Du, da Du das liest, ermessen, was das für ein Wiedersehen war? Möchtest Du es nie Dir ausmalen können, noch weniger ähnliches erleben!

Tagsüber und abends bis gegen zehne rannte ich in der Stadt herum, mir das Notwendigste anschaffend. Als ich heimkam, lag dort ein Telegramm, dass am Dienstag, am kommenden Tag unsere Gret zur endlichen Ruhe gebracht werden solle. Das hieß um 4 h aufstehen, vorher noch zu Onkel Fritz gehen, um ihn von der Lage der Dinge zu unterrichten. Ich kam spät zu Bett. Als ich die Augen schloss, begann das eben durchlebte Drama wie der Film im Kino vor mir mit atemraubender Deutlichkeit sich abzurollen. Ich sprang auf, gieng auf und ab, trank, legte mich wieder nieder. Von neuem dasselbe! So giengs noch viele Nächte und auch heute kann ich nur erquickend schlafen, wenn ich tagsüber in den Bergen von Wartberg das Gewehr auf der Schulter mich müde gelaufen!

Als ich morgens aufstand nach durchweinter, durchwachter Nacht, war ich in einem solchen Zustand von Überreizung, dass ich fast unzurechnungsfähig war. Ich gieng, es war noch Nacht, in den Garten

schnitt ein Zweiglein von Deinem Bäumlein als Gruß
von Dir, alle Blumen die noch blühten als Gruß vom
Heimatle ab, schulterte meinen Koffer und wanderte
den langen Weg zur Bahn. Der schneidend kalte Mor-
genwind tat mir wohl. Es wurde ruhig in mir!

Gefasst durfte ich den schwersten Weg antreten,
der nun für mich zu gehen war: Den Eltern vor die
Augen treten! Mein Liebstes der Erde überantworten!

Lass es mich kurz machen! Dein Mütterlein liegt
auf dem Wartberger Friedhof inmitten eines weiten
grünen Tales, das sie gar sehr geliebt, an einem Platz,
den sie, nichtsahnend, wie bald es sein musste, zur
letzten Ruhestätte sich auserkoren hat. Wenn Du das
Gitter öffnest, welches die Gruft „Familie Bührlen" an
der obersten Kirchhofmauer einsäumt, so wende Dich
nach links. Drei große Granitblöcke bilden den Gruft-
deckel. Sie tragen je zwei eiserne Ringe und ihre Fugen
sind mit Cement verstrichen. Die Fuge zwischen dem
zweiten und dritten Stein vom Monument gegen das
Gitter zu weist Dir die Stelle wo Deiner Mutter Sarg
im gemauerten Gewölbe ruht. Die Kante des Rasens
gegen den schmalen Kiesweg entspricht dort der Stelle
wo ihre Füße ruhen. Der Leichnam blickt gegen das
Elternhaus und die Ruine Lichtenegg. Ich habe als
Letzter bevor die Gruft verschlossen wurde für Dich
und mich diesen Sarg noch unbemerkt gestreichelt, als
Gruß von Dir jenen Zweig Deiner Blautanne auf den
Sarg gelegt, für mich drei kleine Sonnenblumen aus
unserem Garten, die ihre Lieblinge waren. Willst Du

in der Gruft einmal den Sarg wieder finden so gelte Dir folgendes als Richtschnur:

Betrittst Du die Gruft, so sind links und rechts zwei cementierte Nischen in Schulterhöhe, die Platz für je drei Särge gewähren. Vor Dir steht die Urne welche die Asche Deines 1908 am Flecklistock in der Schweiz verunglückten Onkels Hans Bührlen Ingenieur enthält und als solche bezeichnet ist. In der Nische linker Hand ist der der Urne zunächst stehende Metallsarg mit vergoldetem Ornament der Deiner Mutter. Er ist nicht besonders bezeichnet. Den Schlüssel dazu trage ich gegenwärtig an meiner Uhrkette. Ich habe ihn abschneiden (verkürzen) und vergolden lassen. Er muss entsprechend verlängert den Sarg sperren. Der Bart des Schlüssels ist ein einfache, querstehende Metallplatte, der Griff besteht aus drei Bögen die einen geflügelten Engelskopf umschließen.

Als auch das vorüber war, die schrecklichen Augenblicke des Wiedersehens überstanden waren, da ließ plötzlich die Spannung nach, welche das fortwährende Handeln müssen in mir erzeugt hatte. Ich schlich abends in das „Chrysanthemenzimmer" hinauf, das so viel holdes Liebeserleben für mich und Deine Mutter umschlossen hatte. Fern von Dir und ihr, fern aller Pflichten durfte ich in dieser Nacht Mensch sein, ein bis zu den tiefsten Tiefen verwundeter, zerquälter, schwacher, hilfesuchender Mensch! Ich durfte in meinem Schmerz ausruhen, ein paar Stunden lang gehörte ich mir!

Bei aller Qual welche Wohltat für einen, der seinem ganzen Naturell nach sich in sich selbst verschließt, ja selbst mit kleinen Sorgen zu niemand anderem kommen konnte, als zu jener Frau, die nun in der Erde lag! –

Gut' Nacht Lieber! Ihr Geist, ihre Liebe behüte Deinen Schlummer!

Es bleibt noch einiges objectiv festzustellen übrig: Über die Ursache des Unterganges herrschen derzeit unter den Leuten die verschiedensten Versionen, von den Zeitungen wird in echt österreichischer Weise mit Hochdruck von oben veröffentlicht, der „Gautsch" sei das Opfer einer Höllenmaschine geworden, die von einem Serbophilen an Bord gebracht worden sei. Die Motive für eine solche Entstellung der Tatsachen, welchen sich im Wiener Tagblatt auch der früher erwähnte, nicht im Dienste befindliche Leutenant Lupinic (od. Lupincič) angeschlossen hat, liegen klar zu Tage: Erstens will man den Ruf des Lloyd nicht vor der Öffentlichkeit herabsetzen, zweitens Schadenersatzansprüchen durch die Schiffbrüchigen zuvorkommen, für die die Gesellschaft nur dann haftet wenn ein Verschulden des Kapitäns erweisbar und gerichtlich erwiesen ist, endlich will man vielleicht auch einen Vorwurf für unsere Kriegsmarine in diesen bewegten u. traurigen Tagen vermeiden, obwohl, soviel ich weiß, diese in jeder Hinsicht sich mehr als tadellos benommen hat, bestimmte Befehle über Kurs bei Pola dem Lloyd übermittelt hat, wie ich noch

zeigen werde den Gautsch zu warnen suchte und endlich durch ihre Zerstörer (Czepel u. zwei Schwester-
schiffe), als das Unglück geschehen war mit eigener
Gefahr die Rettungsaktion durchführte.

Wahr ist und festgestellt, dass der Baron Gautsch
im österr. Minenfeld, also nicht etwa durch eine abgetriebene, schwimmende Mine in die Luft flog. Für
diese Behauptung habe ich folgende Beweise.

1. Die Äußerung des Kommandanten des Zerstörers
Czepel kurz nach meiner Rettung. Er sagte mir
mit den Zeichen der Erregung gegen den Kapitän: „Er hatte Ordre 10–12 Seemeilen bis Rovigno
von der Küste entfernt zu fahren, fuhr aber 8 Seemeilen. Denn der Ort wo wir uns jetzt (zur Zeit
der Rettung u. Bergung der Leichen) befinden ist
höchstens 8 Meilen von Land. Wir mussten um
zu Ihnen zu gelangen zwei Meilen im Minenfeld
fahren. Es wundert mich, dass der Dampfer nicht
schon früher aufflog. Wenns nicht diese Mine gewesen wäre, so wäre es eine andere gewesen. Mit
heiler Haut wäre er nicht herausgekommen.“ Ich
befragte ihn über das Motiv des Kapitäns, den Be-
fehlen nicht gefolgt zu haben. Er meinte mit jener
leisen (besser starken) Verachtung u. Geringschät-
zung, welche Officiere d. Kriegsmarine gegen solche von Handelsdampfern haben: „Ich glaube, dass
es Unsicherheit in der Handhabung von Kompass
u. Karte war! So ein Kapitän kurzer Fahrt fährt

jahrelang denselben Kurs in Sicht der Küste, Inseln, Blinkfeuer. Er verlernt es, ohne diese Hilfen zu reisen. Wenn er plötzlich von der alten Route abschwenken muss, tut er's nur ungern, wird unsicher und trachtet immer noch so nahe an Land zu fahren, um sich nach den bekannten Punkten halbwegs orientieren zu können."

2. Völlig conform mit dieser eindeutigen Auffassung der Ursachen des Unglückes waren in Pola jene hohen u. höchsten Officiere u. Marineärzte, kurz alle, die informiert waren. So erzählte mir Frau Admiralin Loeffler am Tag nach dem Unglücke: Sie habe am Abend des 13. Aug. mit ihrem Mann, der das zweite Geschwader kommandiert, im Kasino soupiert. Er und alle Anwesenden seien über die „Gewissenlosigkeit" des Kapitän Winkler empört gewesen, denn er sei 2–4 Seemeilen im Minenfeld gefahren. Er sei von Fort Barbariga aus durch Flaggensignale gewarnt und aufgefordert worden, sich weiter seewärts zu halten, habe das aber nicht befolgt.

3. Dass es eine Mine u. keine Höllenmaschine gewesen sei erhellt, nach Aussage derselben Eingeweihten aus der Tatsache, dass der Dampfer in 7 Minuten sank. Nur eine für Dreadnoughts berechnete Mine könne solche immense Zerstörungen hervorrufen, dass in wenigen Minuten ein 2600 Dampfer sinke. Eine Höllenmaschine sei das nicht im Stande, erstens ihrer geringen Sprengstoffmengen wegen, zweitens ihrer Lagerung im Schiffsinneren halber.

Außerdem sei es mehr als unwahrscheinlich, dass ein Instrument von solchem Umfang unbemerkt an Bord gebracht werden könne. Auch sei deshalb ein wie immer gearteter serbophiler Anschlag wenn auch im Bereich der Möglichkeit so doch nicht anzunehmen, da der Schaden der dadurch an öffentlichem u. priv. Gut erzielbar gewesen, ein überhaupt nicht in Betracht kommender sei, die Wehrkraft nicht vermindert worden, die Aktion vorwiegend gegen das Leben der Frauen u. Kinder gerichtet gewesen wäre. Deshalb glaubte man auch in ernst zu nehmenden Kreisen in P. nicht an ein gleichfalls umlaufendes Gerücht, der Kapitän sei serbophil und habe durch Auffahren auf die Mine absichtlich sich und sein Schiff in die Luft gesprengt. Wie wenig eine andere Möglichkeit als Minenwirkung überhaupt dort in Betracht gezogen wurde erhellt aus Mitteilungen, welche mir Onkel Max N., Leiter des Marinegerichtes gemacht hat. Winkler wurde in P. sofort in Haft gesetzt und von den civilen Gerichtsbehörden verhört. Wie M. N. von ihm bekannten, dabei intervenierenden Civilrichtern gehört hat, habe d. Beschuldigte ausgesagt: „Er sei deshalb so nahe an Land gefahren um die Verspätung einzuholen und – um Kohlen zu sparen." Ob das den Tatsachen entspricht, W. sich tatsächlich in einer so frivolen und grausam-dummen Weise verantwortet hat wird man allerdings nur dann in der Öffentlichkeit erfahren, wenn es den Behörden genehm und dem Ohre u. Verstande des Bürgers zu hören u. zu wissen für angemessen erachtet werden sollte.

Dass man jedenfalls nach Kräften bestrebt war die Sache sogar als solche zu vertuschen erhellt aus der Tatsache, dass die Nachricht vom Untergang des Gautsch nicht über Pola sondern über Lloyd-Triest in die Öffentlichkeit kam. So durfte Onkel Max am 13. u. 14., als er die Großeltern von dem Unglück telegraphisch verständigen wollte folgendes Telegramm nicht absenden(!):

„Reisedampfer gesunken Grete tod, Erny Hermann gerettet." Die ersten zwei Worte wurden gestrichen. Erst am dritten Tag, als die Zeitungen über die Tatsache des Schiffsunterganges schon berichtet hatten wurde ein Telegramm mit der Bemerkung durchgelassen: „Infolge großen Lecks Wassereinbruch Dampfer Gautsch gesunken."

Ferner: Als die Version, das Unglück sei auf eine Höllenmaschine zurückzuführen, in der Tagespost so etwa am 20. od. 22. August reproduziert wurde, gieng ich zum Chefredakteur der Zeitung, schilderte ihm unsere Erlebnisse, die Auffassung der maßgebenden Polaer Leute und sprach auch meine Überzeugung dahin aus: Nur eine Mine u. zwar keine abgetriebene könne den Untergang bewirkt haben. Er antwortete mir: „Lieber Herr Professor, das wissen wir so! Sie ahnen aber nicht, wie uns in diesen Tagen selbst bei den harmlosesten Depeschen die Hände gebunden sind. Wir dürfen solche Angaben gar nicht bringen." Ich nahm's zur Kenntnis, will allerdings dabei nicht untersuchen, in wie weit für diese Ablehnung der Umstand bei dem Manne maßgebend gewesen, dass seine Zeitung die Notiz von der Höllenmaschine mit der redaktionellen Bemerkung abgedruckt hatte: „Wir haben diese Auffassung schon vor .... Tagen als die richtige gebracht Anm. d. Red. Es fällt immer schwer in 24 h sich selbst widersprechen zu müssen – obwohl: In solchen Dingen, die gemachte Fehler aufdecken, für die Zukunft verbessern helfen eine rücksichtslose Ehrlichkeit meiner Meinung nach unbedingt gefordert werden sollte. Aber: O Du mein Österreich!

Ob meine eigene Beobachtung, dass es den Dampfer bei der Explosion ruckartig gehoben hat, zur Klarstellung des Sachverhaltes beitragen kann wage ich nicht zu entscheiden. A priori wäre für den Laienverstand ein solcher Stoß, nein ein deutliches Gefühl des Gehobenwerdens auch bei einer Explosion im Inneren des Schiffes denkbar.

Vielleicht könnte endlich hier noch die mir von einigen Passagieren und Matrosen des Zerstörers Czepel gemachte Beobachtung verwertet werden, dass Backbord durch die Explosion eine hohe Wassersäule in die Luft geworfen worden sei. Ich habe das nicht gesehen, konnte es aber bei meiner Stellung nicht wahrnehmen, da die Deckaufbauten den Blick in jene Richtung vollständig abschnitten. Es scheint mir diese mehrfach gemachte Beobachtung auch für Minenwirkung, für eine Explosion im Wasser u. zunächst ausserhalb des Schiffsrumpfes zu sprechen. Eine primäre Entladung im Schiffsraum hätte, wenn sie den Schiffsboden durchschlug in der Richtung gegen den Meeresgrund die Wassermassen verdrängen müssen.

Was das Verhalten der Schiffsmannschaft anlangt, so kann ich aus eigener Erfahrung zusammenfassend rügen:

1. Keine Mannschaftsperson, kein Officier hat <u>versucht</u>, Rat zu erteilen, zweckmäßige Handlungen (Suche nach Gürteln, über Bord springen etc.) zu veranlassen die Panik zu dämpfen.

2. Niemand von den Berufenen hat einen Rettungsgürtel ausgeteilt. Jener Oberleutenant u. seine Frau haben es bis zu ihrem Tod getan.

3. Der Officier der als Einziger über das Promenadedeck gieng suchte, statt auf die Gefahr aufmerksam u. dadurch ein rasches Handeln möglich zu machen, die Sachlage, als sie schon unverkennbar war, abzuleugnen.

4. Sah ich in dem einzigen Boot welches freizumachen versucht wurde nur Mannschaftspersonen.

5. Trieben nachher auf diesem Boot Maschinisten und jener Officier außer Dienst.

6. Greuelszenen im Wasser wie sie jene Frau beschreibt, die sonst klar beobachtet hat, habe ich

nicht gesehen, konnte es aber auch nicht da ich meinen Zwicker verloren hatte.

7. Frl. Barbera, die ruhig u. sachlich mir die Vorgänge am Sonnendeck beschreibt, erzählt gleichfalls davon mit aller Bestimmtheit, dass die Besatzung das Rettungsboot stürmte.

Morgen mehr!

Fotografien, Dokumente und Auszug aus der Originalhandschrift

Hermann Pfeiffer und Grete Bührlen als Verlobte
(wahrscheinlich 1908)

Hermann Pfeiffer mit Erny
während des Ersten Weltkriegs

Ernys linker Schuh
„Die Sandale! Deiner Mutter letzter Liebesdienst
hat Dir so das Leben gerettet." (S. 47)

Hermann Pfeiffer als Dekan der medizinischen Fakultät
der Universität Graz (1923/24 und 1926/27)

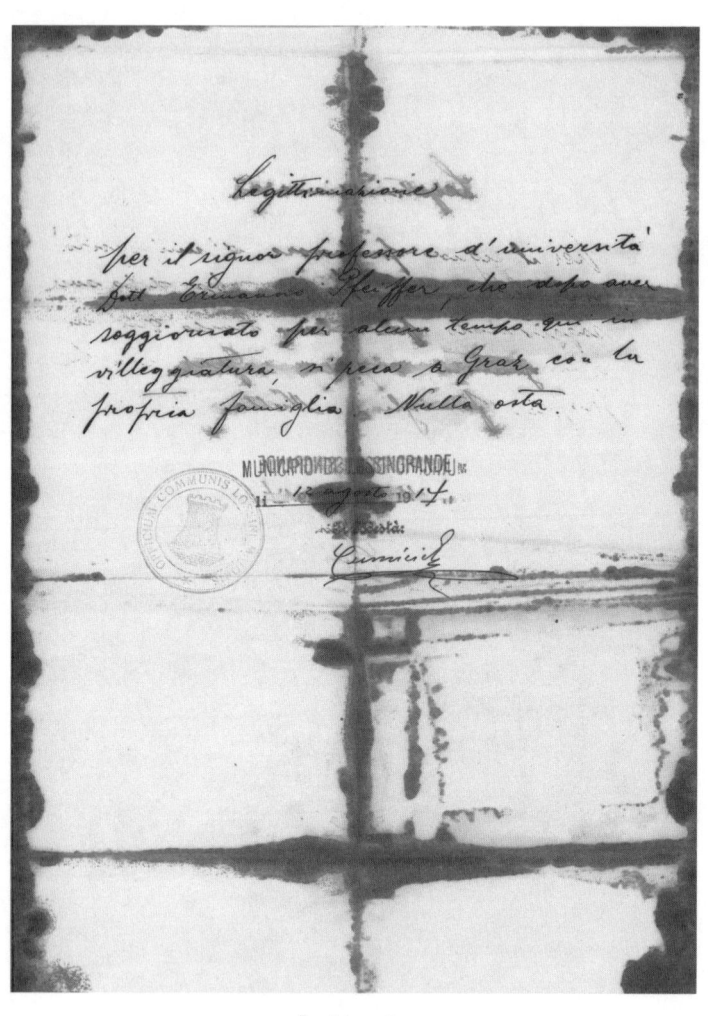

Legitimation
Fahrterlaubnis für Professor Pfeiffer und Familie

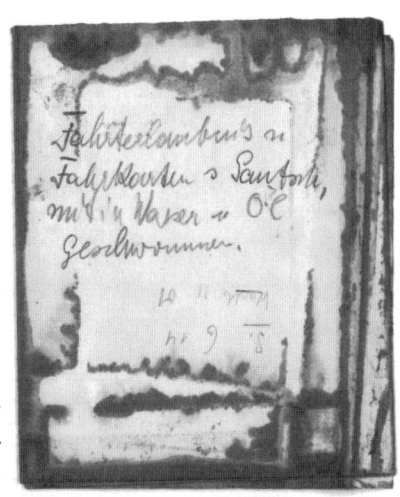

Die gefaltete Fahrterlaubnis
(von Hermann Pfeiffer
später beschriftet)

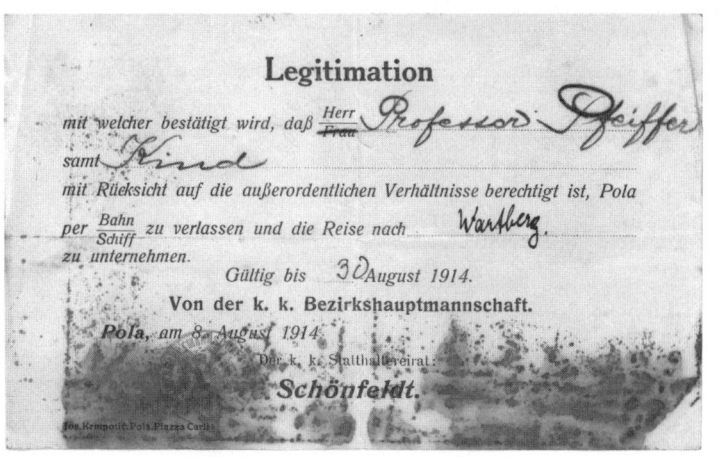

Reiseerlaubnis für Vater und Sohn
von Pola nach Wartberg

Oben: Telegramm Max Neumayers an Hermann Pfeiffers Mutter
Unten: Telegramm Hermann Pfeiffers an seine Mutter

Oben: Telegramm Hermann Pfeiffers aus Wartberg an seine
eigene Adresse in Graz, vermutlich an seine Mutter
Unten: Telegramm der Eltern Friederike Schallers an Hermann Pfeiffer

Brief von Amelie Barbera an Hermann Pfeiffer

Wien den 30 August 1914

Sehr geehrter Herr Professor!

Schon wieder schreibe ich Ihnen, weil meine Gedanken so oft bei Ihnen sind. Es betrübt mich, daß Sie, in Ihrer begreiflichen trostlosen Stimmung, sich unnötige Sorgen um Ernst machen. Warum soll der kleine Löwe geistig oder körperlich ein Krüppel werden? Körperlich hat er sich in Lussingrande sehr gekräftigt und die kommenden Sommer kann er wieder die wohltätige Wirkung der Sonne und der See genießen; geistig ist er doch ein

sehr aufgeweckter Bub, eigentlich schon
über sein Alter hinaus. Sein Blick sagt so
vieles! Und seine Bemerkungen!..... Er
ist ein scheues, schwer zugängliches Kind, aber
wie humorvoll, sobald er Vertrauen gefasst hat!
Lassen Sie ihn jetzt so viel wie möglich mit
Kindern verkehren; es ist nicht gut, wenn so
ein Kleiner immer nur mit Erwachsenen ist,
besonders jetzt wo die Erwachsene so traurig sind.
Ihn jetzt vermissen zu müssen, muss für Sie
ein grosses Opfer sein; freilich, wie könnten Sie
ihn, auf Dienstboten angewiesen, bei sich behal-
ten? Die Sorge wäre doch zu gross!

Die nächste Monate dürften an Sie große
Aufforderungen stellen; in der Aufopferung
für andre werden Sie sich selbst nach und
nach wieder finden und Manches das Ihnen
jetzt unmöglich erscheint, wird von selbst
wieder da sein!

Hoffentlich wird der Jammer nicht noch
größer werden als man in banger Sorge schon
erwartet! Ich denke oft und oft an unsre
Jugend, welche jetzt im heißen Kampffeld.
Wie viele und welche. Werden zurückkommen?
Ueberall für uns Frauen nur Kummer und
Traurigkeit, und wir sollen trösten und

helfen! Wie klein, wie schwach fühlt man
sich in solchen Zeiten ......

Lassen Sie mir von Zeit zu Zeit wissen, wie
es Ihnen und dem ??? geht, in ???
wird der Kleine bald wieder fröhlich sein und
das Erlebte vergessen. Bei uns ist es

anders ....

Herzlichst

Ihre A. Barbera

Oben: die Baron Gautsch
Unten: das Promenadendeck „wie eine Mäusefalle construiert“ (S. 42)

Oben: der Speisesaal der I. Klasse
Unten: die Lounge

*Weinflasche von der
Baron Gautsch*

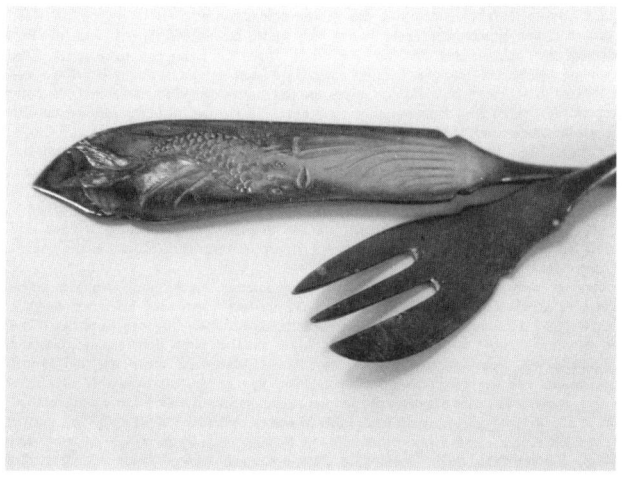

Jugendstil-Fischbesteck von der Baron Gautsch

Denkschrift

über den Untergang des Lloydschiffes „Baron Gautsch".

Am 13. August 1914, um 3 Uhr nachmittags, bei glatter See und Sonnenschein, ist das dem Österreichischen Lloyd gehörige Schiff „Baron Gautsch" auf der Rückfahrt von Cattaro nach Triest in der Nähe von Pola gesunken. Von den weit mehr als 400 eingeschifften Fahrgästen sind etwa 150 Personen, meist Frauen und Kinder, ertrunken; von der aus 70 Mann bestehenden Besatzung haben 18 den Tod in den Wellen gefunden.

Im Zuge der gegen die schuldtragenden Schiffsoffiziere Kapitän Paul Winter, Josef Luppis und Karl Leva beim k. k. Bezirksgerichte Pola zur Geschäftszahl Z. IX 406/14 gepflogenen Erhebungen wurde festgestellt, daß die Schiffsoffiziere den ihnen vom Linienschiffsleutnant Johann Gelletich in Zara vorgeschriebenen Kurs, sich von Gruica an 15 Seemeilen von der istrianischen Westküste entfernt zu halten, nicht eingehalten haben, dadurch in die Minenzone gerieten und das Schiff infolge eines Zusammenstoßes mit einer festverankerten Mine in der Minenzone gesunken ist. Jede andere Ursache des Schiffsunterganges, die von der Lloydgesellschaft angegeben wird, wie Kesselexplosion, Zusammenstoß mit einer treibenden Mine usw. wurde im Zuge des Strafverfahrens von Sachverständigen einmütig als ausgeschlossen bezeichnet und es unterliegt daher keinem Zweifel, daß das Schiff durch das Verschulden der obgenannten Offiziere gesunken und eine so große Anzahl von Personen ums Leben gekommen sind.

Das Strafverfahren gegen die schuldtragenden Schiffsoffiziere ist noch immer nicht beendet, wiewohl seit dessen Einleitung mehr als drei Jahre verflossen sind.

Während des Schiffsunterganges haben sich weder die Schiffsoffiziere, noch die Personen der Besatzung des Schiffes um die mit dem Tode ringenden Fahrgäste gekümmert. Von acht Rettungsbooten wurde ein einziges herabgelassen und dieses war fast ausschließlich von der Schiffsbesatzung, mit dem Schiffsoffizier Luppis an der Spitze, angefüllt, während die Fahrgäste, und insbesondere Frauen und Kinder, ihrem Schicksale überlassen wurden. Auf diesen Umstand ist die so große Anzahl der Opfer hauptsächlich zurückzuführen.

Entgegen den Vorschriften des § 23 der Verordnung des Handelsministeriums vom 19. August 1912, RGB. 921 waren die Rettungsgürtel und die Rettungsmittel den Fahrgästen nicht erreichbar: sie waren zum größten Teile in Kasten aufbewahrt, die erst aufgesprengt werden mußten. Kapitän Winter mußte selbst zugeben, daß zwei Kasten mit Türdrückern versehen waren, die erst mit großer Kraftanstrengung gedreht werden mußten um geöffnet zu werden und daß sich auf dem Schiffsvorderteile eine große Kiste mit vierzig Rettungsgürteln befand, die vollkommen abgeschlossen war.

Entgegen den Vorschriften des § 41 der genannten Verordnung, wonach einmal im Monate auf dem Schiffe Alarm- und Bootsübungen und im besondern auch bei jedem bedeutenden Mannschaftswechsel vorzunehmen sind, wurden seit dem Kommandierung des Kapitäns Winter auf das Schiff „Baron Gautsch" — das ist seit dem 7. Juli 1914 — nach dem eigenen Geständnisse der Lloydgesellschaft, keine Alarmübungen vorgenommen, wiewohl mehr wie ein Drittel der Mannschaft knapp vor der Unglücksfahrt des Schiffes neu aufgenommen wurde. Es ist daher nicht zu verwundern, daß die Mannschaft bei der Rettungsaktion vollkommen versagt hat. Bei der Verteilung der Rettungsgürtel haben auch nicht Matrosen, sondern Fahrgäste selbst, vorwiegend Oberinspektor Wawreczka und Oberleutnant Robert Schenk mitgewirkt, welch letzterer auch für die selbstlose Rettung von mehr als dreißig Personen nach seinem Tode mit dem Eisernen Kronenorden ausgezeichnet wurde.

Die Lloydgesellschaft anerkennt zwar ein Verschulden der Schiffsoffiziere, bestreitet aber die Haftung für diese, indem sie sich auf den Standpunkt des sogenannten „Abandonrechtes" stellt, das heißt, sie behauptet, auf Grund des Code de commerce, das besonders veraltete Zustände berücksichtigt und dessen Geltung für die vorliegenden Verhältnisse der Küstenschiffahrt nicht unbestritten ist, durch Preisgabe des gesunkenen Schiffes, der zwei Rettungsboote, die gefunden wurden und durch Erlag der bei der Unglücksfahrt ins Verdienen gebrachten Fracht- und Fahrtspesen im Betrage von viertausend Kronen ihre Entschädigungspflicht vollkommen erfüllt zu haben. Hiebei vertritt die Lloydgesellschaft auch noch den Standpunkt, daß sie die Versicherungssumme von etwa einer Million Kronen, auf die sie durch einen eigenen Reservefonds in sich versichert war, den Geschädigten nicht zur Verfügung zu stellen braucht, da die Prämien aus ihrem eigenen Vermögen oder Einkünften bestritten wurden. Die Lloydgesellschaft nimmt jedoch die gesamten Vorteile des modernen Versicherungswesens für sich in Anspruch und versucht, die Ansprüche der durch das Verschulden ihrer Organe ins Unglück gestürzten Geschädigten durch Hinweis auf die gänzlich veralteten Gesetze von sich abzuwälzen.

Der unterzeichnete Ausschuß, der sich bald nach dem Schiffsuntergange zum Zwecke der Wahrung der Interessen der geschädigten Personen gebildet hat, hat alles versucht, um die Regierung und die Lloydgesellschaft zur Leistung einer Entschädigung an die schwer geschädigten Personen, die zum größten Teile den ärmsten Schichten der Bevölkerung angehören, zu bewegen, jedoch vergebens. Bis heute ist weder das Strafverfahren gegen Kapitän Winter beendet, noch sind die Entschädigungsansprüche, die insgesamt etwa zwei Millionen Kronen betragen, befriedigt worden.

Es geht nicht an, daß eine derartig kapitalskräftige und von der Regierung in so hohem Maße unterstützte Gesellschaft, die nur durch diese Unterstützung zu ihrer hohen Blüte gelangen konnte, einerseits die Vorteile moderner Rechtseinrichtungen für sich ausnützt, andererseits aber die durch das Verschulden ihrer Organe Geschädigten auf die unsichere Rechtslage verweist, welche sein in der Zeit des krassesten Merkantilismus entstandenes, für das Zeitalter sozialer Fürsorge ganz unmögliches Gesetz schafft.

Der unterzeichnete Ausschuß stellt daher die

Bitte:

Der Budgetausschuß des Abgeordnetenhauses wolle bei der Beratung über die an die Lloydgesellschaft zu erteilende staatliche Subvention und bei der Beratung über das Budgetkapital „Handelsministerium" diese Angelegenheit zur Sprache bringen und die Bewilligung der Subvention von der Bereinigung der Entschädigungsfrage abhängig machen, mindestens aber dahin wirken, daß Se. Exzellenz der Herr Handelsminister die Lloydgesellschaft ohne Rücksicht auf unsoziale, veraltete Gesetze dazu verhalte, die schweren Schäden, welche durch den Untergang des „Baron Gautsch" entstanden sind, gut zu machen.

Für den Ausschuß

zur Wahrung der Rechte der durch die Schiffskatastrophe „Baron Gautsch" geschädigten Personen:

Ing. Wilhelm Wittek m. p.	Fanny Kestler m. p.	Dr. Johann Kaupa m. p.
Staatsbahnrat.	Professorsgattin.	Hof- und Gerichtsadvokat.

ÖSTERREICHISCHER LLOYD - TRIEST.

№ 999. **FAHRPLAN FÜR DEN ADRIATISCHEN DIENST**

giltig vom 1. Mai 1914 bis auf Widerruf.

Vorbehaltlich etwaiger Änderungen und ohne Haftung für die Regelmäßigkeit des Dienstes bei Kautemas-Maßregeln und Streiks.

EILLINIE
TRIEST-CATTARO I.

DALMATINISCH-ALBANESISCHE
EILLINIE

Linie
TRIEST-SPIZZA

EILLINIE
TRIEST-CATTARO II.

DALMATINISCH-ALBANESISCHE
Postlinie.

EILLINIE
TRIEST-CATTARO III.

Linie
OBOTTI - MEDUA

Fahrplan der Baron Gautsch (oben links: Triest—Cattaro I)

108

„Was war das?" „Senkrau oder Mine!"
„Dann rufen wir beide mit einem Athemzgatot:
Das Kind!" „Sofort hinunter und so
schnell als möglich therauf mit ihm" schreie ich /zurück u.
ihm ins Ohr, damit sie es ~~auch~~ bei dem Schall
hören kann. „Ist Gefahr?." „Ich
weiß es nicht! Aber sicher ist sicher und
er ist jedenfalls aufgewacht und erschrocken".
Das rufen wir uns schon zu während wir, uns
durch die verzweifelt hin u. her wogende
Menge Bahn schaffen, über die Stiegen
hinab steigen zu jener Kaverne 24, die
unser Alles barg.
Daneben lag Kaverne 25 und ich hatte früher gesehen,
dass zwei Kinder drinnen schliefen. Als wir
sie jetzt passierten stand der Vater in
Hemdsärmeln ohne Kragen u. Schuhe, laut

Verzweiflungsrufe ausstoßend vor der Kajüten
tür und vernichtet – ein grauem voller Ihn-
blick! – in wahnsinniger Angst mit Fäusten,
Füßen, der Wucht seines Körpers die
Tür zu erbrechen – die sich nicht mehr öffnen ließ.
Ich war kalt, eisig überlegt bisher: Da pantete
für eine Minute auch mich die Angst: Wird
auch die Türe zu Erny nicht aufgehen.
Ich stürze hin, drehe die Schnalle – und
jubele: Es geht! Es geht!
Da hatte Deine Mutter mich erreicht. Wir
betraten den Raum, indem Du im trend-
lein, laut weinend auf Deinem Bett saßest.
Piete beginnt Dich anzu kleiden – notdürftig
wenigstens, so war ihre Absicht – doch bringt
sie nur die linke Sandale (sie hat damit
Dein Leben mit diesem letzten mütterlichen

Liebesdienst gerettet.) an Dein Fürstlein. Denn
ich rufe ihr zu : „Keine Zeit verlieren! Wir wissen
nicht wie es steht! Haben wir Zeit, so können
wir später das nachholen. Nur rasch auf Deck
hinauf! Rasch! Rasch!"
„Unser Geld? (Sie hatte einen Teil im Handtäschchen)
„Unsere Koffer?"(Einige Stücke waren in der
Kabine, die anderen, darunter auch meine
alte, gute Geige, die von dir so geliebte „Liesel"
waren unten im Schiffsraum.)
„Alles lassen! Kann später geschehen! Halte
Dich dicht an mich und eile!"
Als wir die Kabine verlassen, steht der arme Vater
immer noch vor jener Türe 25, heult, schreit,
trommelt mit den Fäusten, Knien, Schultern
gegen die fest verschlossene Türe – ein leises
Wehnen dringt bis heraus zu uns. Auf Dich
bedacht müssen wir fort, hinauf an das Teges-

noch balgende, sich niedersetzende

licht. – Ich habe den Mann nicht wiedergesehen. Es wird ihn wohl dort der Tod ereilt haben? Ihn und seine beiden Kinder!

Ich trage Dich im Arm durch eine rasend gewordene, gänzlich kopflose Menge zum Promenadedeck hinauf. Seit ich Dich im Arm, Grete, neben mir weiß bin ich wieder ganz ruhig, fest, entschlossen geworden, finde im Vorbeigehen sogar Zeit all die Verzweiflung rings um uns, alle jene Szenen wirklicher oder eingebildeter Todesangst – ich weiß es ja noch nicht, wie weit sie berechtigt war? – zu beobachten, auch die unfreiwillige Komik die erlösend beruhigend mitten innen im Menschenknäuel aufblitzt. So mach' ich Grete auf eine jener gezupften Kartenspielerinnen aufmerksam, die außermal ihre prächtigen goldbraunen Locken verloren hat, so dass

die darunter um den Kopf gelegten, grauen
Haare sichtbar werden. Die Pracht liegt
zu ihren Füssen. Ihre Züge sind verzerrt,
sie schreit und weint — und findet doch
— alterndes, gefallsüchtiges Weib! — Zeit [genug] [so]gar jetzt [noch]
sich zu bücken und mit einer Art von
entschuldigendem, verschämtem Lächeln
die Perücke sich wieder, aber verkehrt aufzusetzen. wieder

Wir sind an Deck. Deine Mutter, gefasst und
ruhig wie ich, dicht neben mir. Mein Auge
fällt auf den Bordstuhl des Frl. B. Er ist
leer! Sie ist nirgends zu sehen! Werd' ich
ihr, wenn nötig helfen können?
Da tritt Trüspe grün im Gesicht, mit
vom Entsetzen hervorquellenden, erstarrten
Augen, bebenden Händen und Lippen
auf mich zu! Der Anblick berührt mich

im Moment niderlich, da mir die Angst,
solange wir nichts wissen, was nun folgen wird,
sinnlos, verrückt und – gar selbstisch
erscheint. Als sie aber die Lippen öffnet
und ich das was sie mir zuruft erfasse
hätte ich sie am liebsten wie eine Schwester
umarmt und habe ihr vieles, vieles stillen
abgebeten, manchen Fehler verziehen,
den sie begangen und denke heute auch
an dieses Mädchen, wie an eine selbstlose, opfermutige Heldin.

Denn sie sagte zu mir:

„Um Gotteswillen, Herr Professor! Wir wollen! Was geschieht
jetzt nun mit unserm armen Bübchen? Was wird
mit solchem Bübchen sein? Wer wird unser Bübchen
retten?"

Sie steht im Augenlid des Todes, glaubt es zu stehen
an jener grauenvollen Schwelle, deren Anblick auch

dem Fatalisten dem Neuersächthum ein innerliches,
lurchdringendes Einknauen abringt - und denkt
an das ihm anvertraute Kind!

Ich blicke rasch über die Steuerbord - Reeling, wo [Das Schiff hat seine
mir die ganze Fahrt zu gebracht, + such sche Fahrt eingestellt und
dass der Abstand des Wasserspiegels in diesen
wenigen Minuten dieser Fossen waren uns
stark sich genähert hat! Wir winken also
rasch! Mir schießts durch den Kopf: Rettungsgürtel für uns, dann aufs Sonnendeck oder
wenns möglich ist so rasch als möglich über
Bord! - Vor Fritzi und Deiner Mutter, die
in gefasster Ruhe aber zu scrossen, traurigen
Augen vor mir steht, ein geröstetes Lericht hat,
wie in den besten Stunden, von ihnen verberge
ich was ich entdeckte.

"Wer das Kind rettet? Ich selbstverständlich!"
rufe ich Fritzi zu und sehe in den Nähe der

Ich stoppe jenen Oberleutnant u. seine Frau
aus einem großen Haufen inmitten einer
sich balgenden Menge Rettungsgürtel aus.
Deilen. „Laufen Sie rasch dorthin u.
holen die Rettungsgürtel!"
Die Panik hat ihr höchstes Maß erreicht,
es spielen sich Szenen ab, die unbeschreiblich sind, Schreien, Heulen, Fluchen, Beten
gellen vom Dampfer auf, der rote xxxx.
Sein Verdeck ist noch horizontal. Auf
Backbord strömen dicke weiße Dampfwolken aus. + Also die Kessel auch hin,
geht's mir durch den Sinn.
Da kommt in den wenigen Sekunden die
wir auf die Gürtel warten, mit einem
verzerrten Lächeln, eine Cigarette zwischen
den Zähnen der zweite ein Schiffs- Offizier an mir
vorbei. Ich rufe ihn an: „Was ist's?". Wir

sinken!" – "Unsinn! Kleine Havarie! hat
nichts zu bedeuten!"

Da klärt der Ton in mir auf. Wir sinken
und er geht spazieren u. spricht von "Kleiner
Havarie". hunderte sind ohne Rettungsgürtel, wissen nicht, wo sie finden, wie
die Kisten öffnen, wie sie anlegen – und
Du sprichst von "Kleiner Havarie".

"Sie schween," brülle ich ihn italienisch an,
"Täuschen Sie das Publikum nicht! Machen
Sie Schiffe klar! Verteilen Sie Gürtel! Schnell!"
Er zuckt die Achseln, grinst – geht weiter.
Er war der Einzige den ich von der Bemannung
während jener Minuten des Unterganges über-
haupt gesehen habe!
– Doch nein! Ich trete an die Reeling (immer
das weinende, an meinen Hals sich klammernde
Kind im l. Arm) und sehe zum donnernden

Frl. Barbara aber und
eine Dame, die Ihre zweite
Aufnahme behaupten es
decidiert!

hinauf, um mich über die Boote zu informieren.
An Steuerbord wird ein Boot frei gemacht,
sage ein Boot und drinnen sitzt Bemannung,
ob von den Officieren einer darunter war, erinnere
ich mich nicht!

Mein [Held] gleitet zur Treppe, die aufs Sonnendeck führt. Da wollen wir ja hinauf sobald
[Fri Fi] mit den Zirkeln zurück ist! Ein
unentrinnbarer, b auf Leben u. Tod
kämpfender, sich zerfleischender Menschen-

Rings dort. von den zimlosen
widehenden Massen werden

knäuel, in dem Frauen u. Kinder einfach niedergetreten werden. Dabei beginnt,

dann immer schneller,
fortschreitenden

das Deck zuerst leise u. allmählich sich

Der Sehrizt so lange nach bleibt
es bis zum Schluss horizontal.

nach Backbord zu neigen, Die Scenen um
[werden] [immer]
zu [Schilder] zu werden. Da komm

das sehr schade!

ich mit Euch Beiden nicht hinauf! Ich
[wohl bewusst]
bin mir der Nähe der Gefahr, indem wie
eine Pause solle construierten Promenade

deck, mit seiner Eisen-, teilweisen Glasverschalung,
seiner niederen Decke, die nur einen Spalt
zum Entkommen frei ließ, noch bevorsteht.
Aber die Hoffnung, durch einen Sprung, wenn
der nicht mehr möglich durch einen Zufall
herauszukommen scheint mir größer als die,
durch meteorologische u. gar och (denn es war hoch
an der Zeit!) in die Höhe zu bringen.
Vom Moment der Explosion bis dahin mögen etwa
fünf Minuten vergangen sein und ich habe nur
elende Bruchstücke, die wesentlichen für mich
wichtigen Linien der Senkelnisse geschildert. Vielleicht
werde ich später den u. dort ergänzen können.
Da meine Uhr 12' vor 3ʰ stehen blieb, hat die
Katastrophe bis zum Austritt von Wasser in
das Werk 9', bis zum Untergang etwa 7'
gedauert.
Da kommt, es sind einige Sekunden inzwischen

ich 6' vor ¾ zum
letztenmal, um Hal-
bar vor der Explosion
auf die Uhr sah

als früher

vergangen, und sind gefahren mit den Rettungsgürteln zu uns zurück. Ich gebe ihr Dich
zum halten und lege meinen lieben, armen
Fez den Gürtel um und knüpfe ihn fest.
Dann nimmt sie ihren tiefgläubigen zum letzten
mal auf den Arm und küsst Dich. Ich ...
versorge ich Fritzi. Das Verdeck wird immer
schiefer, sodass wir uns kaum noch an der
Reeling zu halten vermögen und ich wäge schon
den Sprung. Da drängt sich bebend, zitternd
eine alte, magere, schwerkranke Nonne an
mich, einen Gürtel in der Hand. Ich kenne
sie von Luvan. Sie war uns oft begegnet, hatte
namentlich mit Dir immer gesprochen, Dich
lieb gewonnen – kurz: Sie konnte dann nicht
                    und bat mich schnell ihn umzulegen
                    und Gürtel
umgehen. Ich half ihr euch noch ...
u. knüpfte – ich wollte fort, ich wollte diese kost-
         die Bänder fest.
baren Sekunden nicht versäumen! Denn
Damals wäre der Sprung noch möglich gewesen.

Als sie damit fertig war, legte sich der Dampfer
so rasch zur Seite, dass ich an der Reeling mich
nicht mehr halten konnte ~~(...)~~ und über das
glatte Planken gegen die Wand des Rauch-
Salons glitt, wo neben mir Grete, neben dieser
Fritzi lehnte, die mit Dir schon früher
hinabgeglitten waren. In fieberhafter Eile
verschließe meine Brust mit dem Gürtel und
nehme Dich, den wahnsinnig schreienden in meine
Arme. Ich und ihr lehnen dicht neben einander,
so dass uns eine Verständigung trotz des Tobens
und Rasens um uns während der letzten
Sekunden möglich war. Ich will unser Gespräch
bis zum letzten Moment hier aufzeichnen.
Denn es zeigt Dir, wie lieb wir uns hatten, wie
todesmutig die Frau bis zum letzten Augenblick der Vernichtung entgegensah.

„Was kommt jetzt"

„Kind, liebes, der Untergang. Der Tod – vielleicht
auch das Leben, wenn wir vom Dampfer los
kommen."

„Der Tod! Das Leben : worhin!"

„Küsse das Kind Liebe! Küsse mich jetzt"

Sie bückt und küßt dich auf die Stirn, mich
auf die Wange. Ich reiche ihr die freie
rechte Hand / ~~~~ Ich fühle heute noch den
warmen, festen Druck dieser Finger, der
mir so oft im Leben Mut und Halt, der
mir so oft – sie war keine Phrasendrescherin –
von ihrer tiefen Liebe erzählt hatte!

„Lebwohl" sag ich!

„Leb wohl" antwortet sie, „Und : wirst du
das Kind retten können?"

In mir steigt's wieder heiß herauf bis in die
Augen. Mein Bub! Unser Herzbub! Für den

Ihane sie fest; [...],
dass es unser letztes Leben
wohl sein könne.

122

steht's so besonders schlecht! Das zarte Leben erhalten
können? Ich sage mir: Kann! // [durchgestrichen] erhöre
mir: Kämpfen will ich für ihn, solange noch ein
Fünkchen in mir ist! – Ich blicke meine Frl,
meine Liebste fest an, dränge alle Zweifel
in mir zurück und sage bestimmt und
laut: „Bestimmt!"

Sie drauf: „Wenn Du bestimmt sagst, dann wird
er gerettet. Auf dieses Wort von Dir hab' ich mich
immer, immer verlassen können." //

Der Dampfer liegt ganz auf Backbord. Steil
ragt vor uns, fast senkrecht das Verdeck
wie eine Mauer auf. [durchgestrichen] Der Wasser
einbruch muss von daher in jedem Moment
kommen. Und was dann? So mache ich
einen letzten, verzweifelten Versuch die Nägel
der rechten, freien Hand in die Planken
zu schlagen und mich da hinauf zu arbeiten.

[Randnotiz oben rechts:] / Mein eigenes ist jetzt keinen Teller wert!

[Randnotiz rechts:] / Dabei lächelt sie müde und sieht mir voll Lieb'n. zu se an.

vergebens! Ich gleite zurück. Das ist der Tod für uns alle. Auch jetzt bin ich, da wir gemeinsam sterben dürfen ruhig, klar im Kopf. Aber unendlich weh ist mir um's Herz. Du bist still geworden für ein paar Momente. Ich seh' Dich an und flüstre in Dein Ohr: Ich hab Dich lieb!" Dann wende ich den Kopf zu Gret, sehe zum letztenmal ihr liebes, treues Gesicht, die Augen den Mund den etwas offen gethürt.

„Ich hab Dich so sehr lieb" ruf ich ihr zu! Mit dunkelem, matten, wehen Lächeln/öffnet sie die Lippen:

Ich hab Dich — " Sie konnte nicht „vollenden!

Ein jäher, gellender, Ohren zerreißender Schrei zerreißt auf einmal die Luft. Von

wie vorhin

Brausen, eine Verzweiflung liegt in ihm, wie ich's
noch nie gehört. Ich werde ihn nie aus den Ohren
und aus dem Herzen kriegen! Dann ein Brausen u. Gurgeln ü. ba uns.
Ich sehe über den senkrechten Verdeck-Wänden
weissen Licht und Schaum dringen und sehe,
fühle, höre von allen Seiten die Fluten auf
uns nieder stürzen. Es wird Nacht um
mich! Es muss etwa 13' von 3ᵘ gewesen sein. —
Was nun folgt, mein lieber, tapferer Staub, der mir, vor allem es wenn
kleiner Körper vermochte beim Rettungswerk
half, das kann ich nur so brutal wie kenn's erzählen,
Denn als wir nach den Augenblicken höchster Todesqual
aus dem gesunkenen Schiff zum Lichte auftauchten
hatte uns beide jene kalte, harte Hand schon
erfasst — und grausam, wie nur wie sein kann,
nieder fahren lassen.
Doch ist nicht alles Mann. Denn ich war nach diesem
Abschied innerlich stahlhart, kalt, überlegt

wie vorher /
geworden, wenn ich auch sicher glaubte zu Grunde
gehen zu müssen. Ich wills versuchen wieder.
Zurückerleben, was unter Wasser mir durch den
Kopfschoss, was ... mit uns geschah.
Ich bade besonders gern bei stürmischer See, habe
es auch in diesem Sommer getan und bin bei der
hohen Borabrandung so weit kern der
Wellen geblieben, dass ich mich in der richtigen
Sekunde auf die Ruvinae Felsen schwingen
und so ernsten Verletzungen, vielleicht dem
Zerschmettern entgehen konnte. Es war ein
Sport von mir, so zu baden. Die Wucht jener
Wassermassen, jener Wirbel die uns bei m
Wassereinbruche erfassten war so ungeheuer,
dass wir wie ein willenloses Stück Zeug von
ihnen in der ... falle hin und hergeworfen wurden, da und dort, ... haben
... an Kanten, Ecken

126

Ich habe vier Schläge gezählt

Wänden angeschlagen wurden. Das erstemal, als mich die Wucht des Wassers faßte mußt ich Dich, nur mit dem linken Arm zu locker gehalten haben. Denn — ein Moment jäh aufzuckender Verzweiflung, die mir noch heute den Atem benimmt! — ich fühle wie Du mir entgleitest, Dein nasses, glitschiges Körperchen mir keinen Halt gibt, ich zergehe an Deinem Bein (es war das linke) hinabgleite —! Da kommst am Füsslein was fettes in die Hand. Die zu packen kann! Ich halte nur Deinen linken Fuß, den aber mit einer Kraft fest, wie sie nur die Verzweiflung uns eingibt. Die Sandale! Die Sandale schickt mir durch den Sinn. Deiner Mutter letzter Liebesdienst hat Dir Dein Leben gerettet. Indem ich Dich — noch langelang hat in mir der Ruf, der Gedanke nachgehallt: Das Kind! Das Kind! Nun schlage ich heille

Arme um deine Brust, verschiebe sie über die —
nun hielt ich Dich fest, während wir hin und
her geworfen werden.
Innerlich gebe ich die Sache verloren, will ich ab.
stürzen und atme zweimal während des
Folgenden tief Wasser ein — ganz bewusst
dessen, was ich wollte.
Während die Erstickungs not zunimmt, der
Lufthunger qualvoll wird geht mir — daran
auch erinnere ich mich noch genau! das Folgende
durch den Kopf:
„Das ist also der berühmte „angenehme" Erstickungs tod. Gar so angenehm ist die Sache
nicht! Wo bleibt die Narkose ? Alles Schwindel! Soll's einmal einer probieren! Jetzt
verstehe ich das Bild der Erstickungs lunge.
Bei diesem Atemnot muss es ja zu capillären
Zerreissungen kommen! Ganz begreiflich,

daß im linken Ventrikel das Blut dünner
wird. Die kryoskopische Blutprobe wär ja ganz
gut, wenn die Wassen leichen nicht alle so fein
wären, bis man sie auf den Tisch kriegt!
Wo bleibt die Musik?: "Ich bin fast ärgerlich,
um sie gefoppt zu sein. Dabei ist's mir, als ob
ich die Lunge eines Ertrunkenen seciere, mit
dem langen, großen, ganz schmal gestellten
Messer, das ich jahrelang benützte, immer
über die Schnittfläche ziehe und das Ertrinkungsoedem davon abstreife. Ich glaube,
wir waren Beide schon halb drüben damals!
So dämmerte ich hin!
Da weckt es mich. Hin und hergeworfen im Boote. Von den Wirbeln
nachdedelt — ein Schlag gegen die Stirn, der recht
heftig gewesen sein muss, da ich noch die Narben
davon trage. Er weckt mich! Ich fahre: merklich
zusammen, besinne mich!
Auch Dich muss er, da Dein Köpfchen an inclinjemnt war, getroffen
haben, da Du über Nase u. l. Gesichtshälfte später eine blauen Streifen trugst!

129

Ich fühle eine Eisenkante, dünn, scharf und
denke: „Das muss die Eisen~~traverse~~ sein, die
das Dach d. Promenadendecks (also den unteren
Rand des Sonnendecks) abschließt! Wenn
Du darunter vorbeikommst, so müsste es da
ins Freie gehen!

Instinctio strecke ich den Kopf drunter
hervor, eine vom Inneren des Schiffs kommende Strömung fasst uns, zwängt uns drum.
Der durch – die Nacht wird grün – es
wird Licht –! Sonne in meinen Augen!
Du schreist aus voller Lunge! Das Kind
– es lebt! Das Verzeln fasst Kraft und
Mut! Ein halber Atemzug, der doch in
seiner Kürze belebt, befreit – dann
ein Wirbel, der uns in die Tiefe zieht! ·
Unmerkliches, bewusstes Auftauchen,
ein wenig Luft wieder! So hin und her
...!

aller

zwischen Leben u. Sterben. Eben höre ich immer
wieder Deine Stimme! Du lebst! Du lebst!
Also nach oben! Mit den Füßen u. der einen.
nen freien Hand immer wieder hinauf!
Dann einige Sekunden Pause! Atmen
dürfen! Dich, dem die Wellen wie mir immer
wieder Mund u. Nase verschließen, fasse ich
fest im l. Arm, Mit Daumen u. Zeigefinger
halte ich Deinen Arm weghoch so hoch es   Vmd halte es.
geht, über Wasser.
Um uns ein entsetzliches Ringen und Balgen,
wahnsinniges Schreien, Fluchen, Beten,
Röcheln Ertrinkender, Sterbender — vom
Dampfer keine Spur mehr. Fern ein gekentertes
das Boot! Mehr sehe ich in diesem Momenten nicht, da mein Zwicker ist
dem Boot   mir von der Nase gerissen worden. —
will ich eben mit meiner Last zustreben. Mit
einem Kind werden sie doch barmherzig
sein — dann klammern vier Hände meine
in der Tiefe

Fins Knöchel "Ich will mich befreien!" Es gelingt
nicht! Man zieht uns immer näher zur Tiefe!
"Bleiben, mein Kind! Ich trage doch ein Kind!
Sehen Sie nicht das Kind! Das Kind!
Bleiben! Bleiben!" So stürmt's in mir
auf, so schreie, brülle ich aufs äußerste
gereizt, gequält, gemartert in dem Kampfe,
zwischen die nun folgen, in jenen kurzen
Momenten, wo jene lebensgierigen, verkrampft,
den Mädchen-Arme in die Tiefe den Halt
an mir verlieren und ich ihn, mein armer
Bub, einen kurzen, immer wieder lebener-
haltenden Schwung erobern kann.
"Wir Zwei – oder wir Vier, alle zusammen!
Denn tragen kann ich Euch nicht!"
Und nun – in Verzweiflung hab' ich's getan,
in höchster Todesnot, mit dem wütenden
Begehren im Herzen, Dich zu erhalten: Ich habe

so lange gegen die da drunten getreten, gestampft,
meine Beine ihnen entzogen — bis es ruhig
wurde unter mir. Ich habe bemüht, um meines, deines zu erhalten zwei Menschen
getötet, aber es war nicht hier ich nicht! Geschichte war es
gleich uns und heute noch rinnt's mir bei diesem
Gedanken eis kalt über den Rücken und wenn ich
vor dem Spiegel sehe überkommt mich ein Grauen darüber,
dass ich es tun musste! Sie mögen's mir verzeihen,
wenn sie's vermögen, die, denen ich vielleicht
ihr liebstes geraubt: Ich konnte, ich durfte auch
nicht anders! Es galt Vier oder Zwei Leichen!
Es galt die eigene Erstickungs not! Es galt
Dein Leben! Und: Abgesehen von allem, was
ich mich entschloss, was ich bewusst getan habe:
Zum großen Teil sind wir in solchen Momenten höchster
Todes not beherrscht von dem unbezähmbaren,
alles dominierenden Willen zum Leben, der   {in uns
wie ein nicht unterdrückbarer Reflex uns
dazu treibt, ganz automatenhaft zu handeln! —

Endlich ~~es~~

wurde es ruhig unter uns, todesruhig: Als wir
zu einer kurzen ~~Pause~~ auftauchten weintest
Du noch, schlangst Dein Ärmchen um meinen
Nacken und legtest vertrauend müde Dein
Köpfchen auf meine Stirn. Ich war zum äußersten
erschöpft, athemlos, außer mir, erholte mich
aber noch etwas, als ich in Frieden ein paar
Athemzüge tun und sie auch Dir verschaffen
konnte.

Ich blickte um mich: Eine von Irgenden, wie die
Bestien sich gebärdenden, ~~von~~ nein wirklich Bestia-
linken Menschen ~~noch~~ zerwühlte blaue See, Schreie,
gellende Rufe, ~~Geläute~~, Flüche um uns, Fern,
fern die Küste, unerreichbar auch ohne die
Last die ich trug – und, mit ich mit meinen
halb blinden Augen, ~~ich hatte der Zwicker~~
~~verloren~~ meinte weit u. breit kein Schiff. –
Was wird noch kommen? Mut! Ausdauer bis

Zum letzten! Gelebt! Erlebt! mit

Da fühle ich - und das gehört zu dem Unerhörtesten

was ich da durchlebte - wie der Ge-del, der mich im

vorangegangenen Kampfe gelockert haben mußte

rutschte, abwärts, dem Becken zu. Die Folgen

- ich hatte ja nur eine Hand frei - waren qual-

volle! Der Auftrieb, den der Unterleib dadurch

gewann, drückte mir Kopf u.d Brust in die Wellen und nimmt

dann auch Dir. Trotz verzweifelter Abwehr- u.

Aufrichtungsversuche die aufs Letzte waren nahmend.

Immer wieder richtete ich uns auf, faßte Dein Kinn,

hob es über Wasser, suchte den Zirkel mit der Rechten

höher zu heben, immer wieder mißlingt's, immer

wieder falle, sinke ich nach vorne.

So trieben wir - wie lange weiß ich nicht! Dein

Schreien wird immer leiser, dein Armeluu immer

schwächer, Dein Köpfhen sinkt mir - mit Entsetzen

bemerkte ich! ohne daß ich es halten könnte vorüber!

135

Ich schrie Dir jetzt und später immer wieder ins Ohr: „Kopf hoch! Erny, Kopf hoch!" Du hast verstanden, was ich von Dir wollte. Du tapferer braver Bub und halfst mit Deinen letzten schwachen Kräften das Rettungswerk vollenden. –

Wie ich so arbeite, entsetzt, erschöpft, an mir – mir, nähert sich uns, die wir bisher ziemlich abseits von den Kämpfen u. Balgereien über Wasser geblieben waren eine Gruppe Raufender: Frauen u. Männer durcheinander. Da sie näher kommen erkenne ich erst, dass der Kampf nur ein Fass gilt, ein weites Fass, ? wie ein kleines Weinfass ?. Es muss halb voll sein, da es nur eben über Wasser ragt. –

Nur nicht unter diese Wilden hinein! Sie entreissen mir, erschlagen mir das Kind! Ich trachtete fort zu schwimmen! Es geht nicht! Ich habe zu viel mit dem Bündel, dem Kind.

dem Zuflüchter zu tun. Sie sind ganz nahe, das
Fass mit ihnen, bei einem fruchtlosen Versuch,
den Oberkörper aufrecht zu bekommen, fasse ich
instinctiv den schmalen Rand des Fasses.
Es gerettet ein ... Fall, eine kleine Ruhepause.
Die Raufenden um uns entfernen sich zum
Teil, gehen unter – Kurz nach einiger Zeit
klammern sich an mein Fass nur wir ... — und // Doch das Fass
eine bleiche Frauenhand, zu der ein blasses
Gesicht mit hervorquellenden Augen, aufgelösten
Haaren gehört: ich lasse los, sinke sofort wieder
vor ... schnellt unsere Köpfe ins Wasser!
Es geht nicht! / Nur ein paar Minuten Ruhe. / So geht's nicht
dann kann ich den ... richten, du erholst
dich auch nieder – dann wär's nur möglich,
wenn ich das Fass, welches die Frau und uns nicht
zu tragen vermag ein paar Augenblicke allein
hätte. Ich rufe sie an:

„Ich habe ein Kind zu retten! Kann nimmer mehr!
Muss mich ausruhen! Nur ein paar Augen-
blicke! Lassen Sie das Fahrrad einen Moment los!
Lassen Sie los! Lassen Sie los! Ich muss das
Kind retten, das Kind, das Kind!"
Und die bleiche, müde Frau – lässt los!
Freiwillig los! Verzichtet auf den letzten
Halt! Sie muss einer Mutter gehört haben.
Gesegnet sei die Hand, gesegnet die Frau, die
solches tat! Vergebens suche ich in meiner Erinnerung
ihre Züge mir wieder lebendig zu machen. Ich
weiß nichts wer es war. Ich – vielleicht ist es auch
besser dass ich es nicht weiß!
Nur ein paar Augenblicke! Dann will sie's allein
haben! Ich will's, ich werde ihr sogar helfen
können!
Den letzten Ellenbogen mit der Kraft deines
Körperchens – Du wogst 15.5 Kg damals –

[Randnotiz:] oder einer schönen
Bewusstlosen! Sonst
hätte sie mich weg-
gestoßen. So aber
lässt sie los!

138

stütze ich auf das Faß, fahre mit der rechten
Hand an den verfluchten Zirkel, ziehe, zerre
ihn nach aufwärts über die schweren, faltigen
Kleider. Es mißlingt zuerst, dann geht's.
Es sitzt nur mehr locker – aber oben, unter den
Armen! Ich gleite vom Faß ab, halte es mit
der rechten Hand, tue ein paar tiefe Atemzüge
und sehe mich zugleich nach der Frau um.
Ich – sehe sie nicht mehr – ich finde sie nicht
mehr! Oder war's jene Leiche, die dort [...] Rücken   Vorrücken
Rücken nach oben? Es war furchtbar, [...]
furchtbar besonders wenn man vom Schreibtische
aus daran zurückdenkt, abwägt – ob dieses
Opfer unbedingt nötig war? Wer dieses Opfer
gewesen sein mag?
Weiter! Es kommen andere in die Nähe. Sie gewahren
unser Faß, schwimmen darauf zu! Starke
Männer – eine Frau wird zurückgestoßen. Ich

139

fürchte die Brutalität, stoße ihnen das Fass zu und
preße nieder, Dich immer im linken Arm, um
Dein Köpfchen auf meine Schleife gelegt. Der Dübel
bleibt oben, wir könnten uns noch lange, lange
halten, wenn mich nicht ein brennender Schmerz,
ein Schwächegefühl im linken Arm mahnen würde
das seine Kraft am Ende ist. Wechseln? Dich
vielleicht verlieren? Dich neuerlich der Möglichkeit des Einatmens von Wasser aussetzen! So lange
es zu vermeiden ist, alles lieber als das!
Nun uns ist's ruhiger geworden, die See merkwürdig
glatt, schwerbeweglich, schwarz! Ich sehe nur
mich. In nächster Nähe schwimmt ein Mann.
Ich erkenne. Sein verzerrtes Gesicht ist schwarz,
wie das eines Negers. Ein Verbrannter, denke ich
zuerst. Dann fällt mein Blick auf Dich: Deine
sonst hell blonden Locken kleben in schwarzen, schmierigen
Strähnen an Deiner Stirn, das Gesicht blau ist

schwarz, schmierig, meine Hände desgleichen, alles
fühlt sich so fettig an, das Wasser das ich trinke
– denn immer fehlts auch jetzt nicht ohne einen
mißbilligen Schluck ab, das dem Leicht getragen
und vor allem gehalten sein will – die Lüfte die
wir atmen – alles hat haben Geruch & Geschmack
nach Petroleum, Schmieröl.
Da erinnere ich mich, dass diese beiden Dampfer nicht
mit Kohlen sondern mit Naphta gefeuert waren.
Also sind die Naphta tanks durch geschlungen
worden. Sie sind unten im Schiffsraum – also
doch eine Mine!
Wir treiben und treiben und ich fühls: Lange gehts's
nimmer! Ich bin am Ende! Und vor allem: Du
weinerst nicht mehr! Dein Köpfchen fiel immer
schlaff herab, sobald ich meinen Kopf schief halten
musste – du warst bewusstlos. Lebtest Du noch?
Ich fühlte Dich noch ein wenig, ganz schwach atmen.

Wie lange noch! – Von Sieb hatte ich nichts mehr gesehen
– wie war wohl unten oder auch als Leiche. Wenn
Du auch erlegen sein würdest – so entschloss ich
mich! – will ich den Dickel abwerfen, untertauchen, abkürzen. Wozu ohne Euch leben?
Aber vorher will ich vergewissern ob's für uns nicht
doch noch Rettung gibt. einer
Wir waren in die Nähe jenes Bootes gezogen
welches als einziges frei gemacht worden war und
das ich früher schon in die Ferne hatte tauchen
sehen. Eine Frau hat später berichtet, das um
einen Sitz auf dem Schiffs Kiel verzweifelte
Kämpfe ausgefochten wurden, Kinder u. Frauen
mit Kindern erschlagen worden seien.
Davon habe ich nichts wahrgenommen, weiss nur
dass um das Boot sich Leute mühten. Alte
kräftige, junge Männer, die später mit mir in
einem Zimmer saßen. Eines davon war jenes
in dem wir uns damals befunden haben mussten.

als wir ihm nahe
kamen

Mama berauch das
Seeenheit nicht aus-
sagen, da ich zu sehr
mit uns beschäftigt
war auch zu Kinder-
sie bei mir ohne
Kinder auf größere
Entfernung klar zu sehen.

Lloyd Offizier, der außer Dienst mit rechte „Lupinič"
oder so ähnlich hat er geheißen. Zwei andere stellten
sich mir als Maschinisten vor.. Es ist diese [an Bord.
Tatsache betrübend genug! Wer aber die Erstickungs- [des Schiffes
not, den entsetzlich demoralisierenden Eindruck
des Untergangs, das Ringen und Sterben mit gemacht [seigene
hat, wird es verstehen, wenn auch nicht eben billigen [halb reflektierende
können. Denn sie waren jung, stark, allein
und - im Dienst! Sie hatten sich so über Wasser
halten - oder untergehen müssen. Denn hätte
man von ihnen als von braven Seeleuten sprechen
dürfen. So vermag ich's nicht!
Ich rufe sie an: Ist keine Rettung in Sicht? An ihrer
Statt - sie müßten sich mit dem Boot! - antwortete
ein Mann mit Brille, der gar traurig und bequem
von seinem gut sitzenden Rettungsgürtel getragen
wurde: „Torpedobootszerstörer sind schon ganz
nahe!" Ich habe ihn später als einen Regierungs.

pas kennen gelernt, die richtige doktrinäre „höhere"
Beamtenseele. Denn ich entsinne mich, wie er
bald nach diesem Augenblick zu den Seinen, die
gleichfalls wohlgeborgen um ihn herum schwärmen
einen Vortrag hielt: Daß es eigentlich ganz leicht
sei, sich zu retten. Nur gefaßt müsse man
bleiben, zweckmäßig handeln, *nie zu wenig* Dann gehe
es ganz von selbst. Dabei wischte er immer
mit der fettigen Hand die fettige Brille – eine
Situation, eine Situation, die zum Lachen gestimmt
hätte, wäre man, wäre ich dessen fähig gewesen.
Denn so ganz leicht, so ganz selbstverständlich war unser Entrinnen nicht gewesen – und:
Warum sah ich noch immer nichts von meiner
lieben, lieben Lete, von Fritzi, von Frl.
Barbara?

Endlich wurd: Ich war am Ende meines Körpers damals,
mehr tod als lebendig. Aber das Wort: Drei

Zerstörer sind nahe hierzu mir. dann ich fühlte ganz
schwach Deinen Schlum..., wenngleich Du bewußtlos
warst. das letzte hergeben. Vielleicht wäre von damals
letzten Moment noch alles mißlungen und ich
hätte eine kleine Arche an Bord gehabt, wenn
mir die letzten 10 Minuten des Schwimmens hindurch
nicht eines jener langen, mächtigen Ruder
in die Hände getrieben worden wäre, die einen
Mann leicht über Wasser halten. Ich ergriff
es legte es auf den Rücken zweier treibender
Leichen schob es unter meine rechte Achsel
und hob mich linkes ... über Wasser/das /und 6°C
Du, auch bewußtlos, ... Luft bekommen
mußtes und geborgen wart. So hauste ich eins! –
Wie aus dem Nebel heraus – das machte wohl auch
meine Kurzsichtigkeit – sah ich plötzlich den Bug
eines Zerstörers – es war der "Capel" vor mir
auftauchen und stillstehen. Rettungsboote wurden

klar gemacht, zu Wasser gelassen, fingen auf
Suche. Ein Jauchzen, ein Hurra ging durch
die Reihen der Überlebenden. Nur ich schwieg.
Lebst Du? Bleibst Du am Leben? Und:
Wo war Grete? –
Da passiert dicht ein Rettungsboot uns zwei
und unsere Kadaver. Ich schreie, brülle:
„Ein Kind! Ein Kind! Ich halte allein
aus – nehmen Sie nur das Kind!"
Nichts! Man versteht mich nicht, man ist
übervoll – es fährt vorüber.
Aber jede Minute kann für Dich Leben oder
Tod bedeuten. Ein zweites Boot passiert
uns, übervoll wie das erste. Ich rufe, halte
mich und Dich hoch an. Sie wollen passieren.
Da erkennt mich jene Frau mit dem Tuch, der ...
aus Luzin, macht die Matrosen auf uns
aufmerksam. Sie kommen! Sie kommen!

Sie nehmen den kleinen, armen, beschmierten Körper
zu sich, wollen mir einen Rettungsgürtel zu
werfen. „Non bisogno questa roba! Grazie
Danke! Per un altro Signor!"
Ich habe ja jetzt beide Arme frei, einen gesunden,
den andern allerdings - das merke ich erst
jetzt - gebrauchsunfähig, kraftlos, schmerzend
vom langen kalten Bad des kleinen Körpers.
Sie fahren fort, ich schwimme langsam, langsam
nach. Da löst sich zuerst die erste schlechte
Spannung in mir. „Er ist an Bord!"

Nachwort

Eine private Urkatastrophe

Erinnerungskultur eines dramatischen
und tragischen Ereignisses
am Beginn des *Großen Krieges*

Von Karl Vocelka

Historische Ereignisse können nur dann rekonstruiert
werden, wenn es entsprechende Quellen dafür gibt.
Akten und Protokolle, wie sie in den Archiven aufliegen, geben oft nur einen nüchternen Tatbestand wieder, während die Berichte von Zeitzeugen weitaus detaillierter und oft auch – wie gerade im Falle der Schilderungen von Dr. Hermann Pfeiffer – emotionaler
sind. In seinen Aufzeichnungen, „damit sie nicht verloren geht", schrieb er für seinen Sohn die Geschichte
seiner eigenen Rettung, der des Kindes und des Todes
von dessen Mutter nieder. Die dramatischen Szenen
beim Schiffsunglück, die er beschreibt, sind eingebettet in die Geschehnisse des Jahres 1914.

Der Text beginnt mit einem Eindruck der heiteren, sicher scheinenden Welt der späten Habsburgermonarchie, die – zumindest für die adeligen und bürgerlichen Oberschichten – den Glanz und die Ruhe
des Fin de Siècle ausstrahlte. Stefan Zweig hat in

seinem großartigen Buch *Die Welt von Gestern* dieses kulturelle und soziale Klima der langen Friedenszeit in der Habsburgermonarchie gekonnt nachgezeichnet.

Mitten in diese heitere Gelassenheit, die in den ersten Seiten des Berichtes durchklingt, bricht ein Ereignis ein, das die Welt für immer verändern wird. Der Erzherzog Thronfolger Franz Ferdinand und seine Frau Sophie von Hohenberg werden am 18. Juli 1914 in Sarajewo ermordet. Franz Ferdinand ist ein Anhänger der sogenannten austroslawischen Lösung, die eine Vereinigung der südslawischen Völker der Serben, Kroaten und Slowenen innerhalb der Habsburgermonarchie unter der Führung der katholischen Kroaten vorsah. Dazu dachte der sehr aggressive und kriegslüsterne Erzherzog an einen Krieg gegen Serbien. So ist es nicht verwunderlich, dass sein Auftreten in Sarajewo – noch dazu knapp nach dem Trauertage des serbischen Volkes, dem *Vidovdan*, bei dem man sich an die vernichtende Niederlage gegen das Osmanische Reich 1389 erinnerte – Ziel der Attentatspläne seiner Gegner wurde. Gavrilo Princip, der die tödlichen Schüsse abfeuerte, war zwar ein Bürger der Habsburgermonarchie, doch wurde von deren Bevölkerung – wie es sich später in der Geschichtsforschung auch als richtig erwies – eine Steuerung des Anschlags von Serbien aus vermutet.

Dieses Ereignis löste einen Feldzug aus, von dem man zunächst annahm, dass er eine kurze, lokale Strafexpedition am Balkan sein würde. Doch die geheimen Bündnissysteme und eine Eskalation der nationalen Aggression der Großmächte ließen diese Auseinandersetzung zum *Großen Krieg* werden, wie die Zeitgenossen ihn nannten.

So schlitterte Europa in einen Konflikt, der oft die *Urkatastrophe* des 20. Jahrhunderts (*the great seminal catastrophe of this century*) genannt wird – der Ausdruck stammt vom amerikanischen Historiker und Diplomaten George F. Kennan. Nichts war nach diesem Krieg mehr wie zuvor, das Ende vieler dynastischer Monarchien, die Auflösung der Habsburgermonarchie in Nationalstaaten, die Umwandlung Russlands in die kommunistische Sowjetunion mit ihren gesellschaftspolitischen Folgen, der Aufstieg des Faschismus in Italien und Deutschland sowie der Zweite Weltkrieg sind vom Ersten Weltkrieg und seinem Ausgang nicht zu trennen.

Doch all das wusste man im Sommer des Jahres 1914 noch nicht. Der hier publizierte Text spiegelt nur in einigen Andeutungen (S. 21), aber dennoch konturiert, die Stimmung der Bevölkerung nach dem Ultimatum an Serbien, das Österreich-Ungarn am 25. Juli 1914 stellte, wider.

Franz Joseph, der greise Kaiser, hatte die Werte der Gesellschaft des späten 19. Jahrhunderts internalisiert, und sein Manifest nach der Kriegserklärung an Serbien betont den Zentralbegriff der „Ehre", der in der militarisierten Gesellschaft der Zeit so verheerend war. Der Kaiser schrieb an seine Völker: „Es war Mein sehnlichster Wunsch, die Jahre, die Mir durch

Gottes Gnade noch beschieden sind, Werken des Friedens zu weihen und Meine Völker vor den schweren Opfern und Lasten des Krieges zu bewahren.

Im Rate der Vorsehung ward es anders beschlossen.

Die Umtriebe eines haßerfüllten Gegners zwingen Mich, zur Wahrung der Ehre Meiner Monarchie, zum Schutze ihres Ansehens und ihrer Machtstellung, zur Sicherung ihres Besitzstandes nach langen Jahren des Friedens zum Schwerte zu greifen. ... Ich vertraue auf Meine Völker, die sich in allen Stürmen stets in Einigkeit und Treue um Meinen Thron geschart haben und für die Ehre, Größe und Macht des Vaterlandes zu schwersten Opfern immer bereit waren."

Besonders in Österreich-Ungarn standen die Bevölkerung und ganz besonders die Armee dem Ausbruch eines Krieges sehr positiv gegenüber. Den Nachklang dieser Haltung finden wir auch im Text von Hermann Pfeiffer. Die Soldaten, besonders die Offiziere, die lange in einer Friedenszeit gedient hatten, erwarteten sich durch den Krieg eine Chance auf ein außertourliches Avancement, das er ihnen neben der Option, „heldenhaft" zu sterben, als Möglichkeit bot. In Offizierskreisen und auch in der restlichen Gesellschaft war die Idee verbreitet, dass der Krieg zu einer „Reinigung der Bevölkerung" führen würde. Ein rezent erschienener, hervorragend sensibler Bestseller von Edmund de Waal, *Der Hase mit den Bernsteinaugen,* schildert die Situation zu Kriegsbeginn: „In Wien herrscht große Begeisterung für den Krieg, der das Land von Apathie und Dumpfheit reinigen wird. Der britische Botschafter notiert: ‚das ganze Volk und die Presse verlangen ungeduldig nach einer sofortigen und gebührenden Bestrafung der verhassten serbischen Rasse.' Schriftsteller stimmen in den Chor der Begeisterung ein. Thomas Mann schreibt einen Essay ‚Gedanken im Kriege‘, Rilke feiert in seinen ‚Fünf Gesängen‘ die Auferstehung des Kriegsgottes; Hofmannsthal veröffentlicht in der *Neuen Freien Presse* ein Kriegsgedicht. Schnitzler sieht das allerdings nicht so. Am 5. August schreibt er schlicht: ‚Der Weltkrieg. Der Weltruin.' Karl Kraus wünschte dem Kaiser einen ‚guten Weltuntergang‘.“

Hermann Pfeiffer, dessen Erlebnishorizont im Sommer 1914, weit von der kaiserlichen Haupt- und Residenzstadt Wien, auf einer kleinen Insel in der Adria lag, ist keineswegs so radikal, doch seine Abneigung gegen die Serben, die er „Mörderbande“ nennt, und sein nationaler deutscher Standpunkt im multinationalen Staat werden deutlich spürbar. Sein Pflichtbewusstsein des Soldaten – wenn auch nur der Reserve – verdeutlicht die Tatsache, dass er sofort zurück nach Graz eilt, um sich der Armee zur Verfügung zu stellen.

Vor diesem Hintergrund kam es dann für ihn und seine Familie zu dem dramatischen Ereignis, dessen Betrachtung nicht von der Kriegssituation zu lösen ist. Die Familie reiste mit dem Schiff des österreichischen Lloyd *Baron Gautsch*, das 1908 in Schottland gebaut worden war und der Küstenschifffahrt von Triest entlang der istrischen und dalmatinischen Küste diente, von Veli Lošinj / Lussingrande nach Triest / Trieste.

Am 13. August 1914 – zwei Tage nach dem ersten Gefecht an der Westfront – lief dieses Schiff vor der Insel Brijuni / Brioni in Istrien auf eine der Minen auf, die man zum Schutz rund um den Kriegshafen Pula / Pola gelegt hatte. Das Schiff sank in wenigen Minuten und 147 der an Bord befindlichen Menschen ertranken in den Fluten. Der Krieg hatte – wenn auch in eigenartiger Form – seine ersten zivilen Opfer gefordert. Sie waren nicht von Feinden getötet worden, sondern durch die Minen des eigenen Landes, auf die das Schiff *Baron Gautsch* aufgelaufen war.

Packend und berührend schildert Hermann Pfeiffer die Katastrophe und seinen Kampf um das Leben seines Sohnes Erny sowie sein eigenes und schließlich die Rettung durch ihre Aufnahme in letzter Minute durch den österreichisch-ungarischen Zerstörer *SMS Csepel*, der gemeinsam mit den Schiffen *Triglav* und *Balaton* wenigstens einen Teil der Passagiere retten konnte. Darunter befand sich allerdings nicht die Ehefrau Hermann Pfeiffers und Mutter des Kindes, Grete.

Wie es zu dem Unglück gekommen war, scheint klar und wurde schon von unserem Berichterstatter und Zeitgenossen weitgehend richtig erkannt. Der zweite Offizier des Schiffes namens Tenze hatte mündlich – um die Geheimhaltung aufrechtzuerhalten – den Kurs des Schiffes vorgegeben bekommen, allerdings hielt sich die *Baron Gautsch* nicht an diesen Befehl. Sie fuhr näher an die Küste heran und war damit unversehens in dem Minenfeld gelandet. Manches an Bord hatte nicht seine Richtigkeit: Es waren mit der größtenteils neuen Besatzung zuvor keine Rettungsübungen durchgeführt worden, der Kapitän Paul Winter schlief, als sich die Explosion ereignete, und der Erste Offizier Josef Luppis hatte eine Viertelstunde vor seiner Ablösung die Brücke verlassen.

Die Warnsignale eines Minenleger-Schiffes hatte man seitens der *Baron Gautsch* nicht beachtet und als das Schiff sank, kümmerte sich die Mannschaft in erster Linie um sich selbst, es wurden keine Schwimmreifen verteilt und jedwede Organisation zur Rettung der Passagiere fehlte gänzlich. Das ausgeronnene Schweröl, mit dem die Motoren betrieben wurden, verursachte Feuer und schwamm auch auf dem Wasser, drang in Nasen, Augen und Mund der verzweifelt ums Leben kämpfenden Menschen ein, behinderte die Atmung und forderte erneut Opfer.

Der Kapitän und sein Erster Offizier überlebten und wurden vor ein Seegericht gestellt, doch weiß man über den Prozessfortgang wenig, da die Sache unter der Kontrolle der Zensur im Krieg der Öffentlichkeit verheimlicht wurde. 1920 waren die beiden Seeleute jedenfalls schon wieder Kommandanten von Transatlantiklinern des Lloyd *Adriatico*. Die Klage der Hinterbliebenen verlief offensichtlich im Sande, allerdings sind die wesentlichen Unterlagen teils beim

Justizpalastbrand 1927, teils bei der Plünderung der Kanzlei des beauftragten Anwalts in der Reichspogromnacht 1938 verloren gegangen.

Die neuere Erinnerungskultur für dieses Schiffsunglück setzte 1994 mit einer Gedenkveranstaltung in Rovinj / Rovigno ein, zu diesem Anlass entstand auch ein italienischer Fernsehfilm zum Thema. 1995 wurde das Wrack, das ein beliebtes Ziel von Tauchern ist, zum nationalen Kulturdenkmal Kroatiens erhoben – das Ziel der Vermarktung war dabei deutlich präsent.

Ganz anders offenbart sich die Erinnerungskultur des vorliegenden Textes, der dem Sohn das Erlebte weitergeben möchte – was in Anbetracht des Einrückens des Autors zum Militär sehr sinnvoll schien. Das Dokument ist – neben der emotionalen Komponente für die Nachkommen – ein Zeitzeugnis, das nicht nur die Mikrogeschichte des Unglücks in dramatischer und rührender Weise beschreibt, sondern auch leise und im Hintergrund den Wandel hin zum Beginn der Katastrophe Europas 1914 beschwört.

Der Untergang des „Baron Gautsch".

Triest, 18. August.

FAMILIEN - PENSION MATHILDE
LUSSINGRANDE

RECHNUNG

für Herrn Professor Dr Pfeiffer v. 9/8 - 13/8 1914

Pension mit frühstück	66	
Zimmer	20	
Beleuchtung	4	40
Beheizung		
Wein	6	
Bier 1 Fl.		
Bäder		
Gabelfrühstück		
Mineralwasser 2 flaschen		
Curtaxe	14	96 08